4つのステップで
目標を達成する

営業マネジャーのための問題解決の技術

PROBLEM SOLVING

株式会社シナプス 代表取締役社長 後藤匡史

日本実業出版社

はじめに

「営業」という仕事は、企業が売上を上げるうえでかなり重要な役割を担っています。なかでも、その営業部門をマネジメントする営業マネジャーの役割はかなり大きいものです。当然、営業マネジャーはさまざまな難しい問題に直面していることでしょう。目標達成ができない、メンバーが思うように動いてくれない、年々目標が高くなり厳しくなる、よい製品は出てこない、一方で競合はより強くなっていく……。

私は、コンサルタントとしてさまざまな企業の支援をしています。専門分野はマーケティング領域ですが、売上拡大のためには営業のみなさんが成果を上げることもきわめて重要です。そのため、営業のコンサルティング支援や人材育成、組織開発に関わることが多々あります。その際、営業マネジャーと会話をすると、上記のような困りごとに直面している話をよく聞きます。

ところが、同じ組織、同じような状況でも毎年目標を達成し、成果を上げ続ける営業マネジャーも存在します。彼らは何がちがうのでしょう?

そのような問題意識を持って眺めてみると、優秀な営業マネジャーは、「問題を解決する」成功法則を持っていることに気付きます。そして、その問題を解決する方法は、「問題解決のプロセス」に従ったものであることが多いのです。

問題解決の手法はかなり古くから研究されており、近年では問題解決に関係する多様な書籍が出版され、YouTubeやセミナー動画などでも語られるようになりました。その結果、問題解決の手法自体に多くの人が何らかの形で触れているのではないかと思います。多くの企業でも問題解決やロジカルシンキングの重要性は理解しており、さま

ざまな研修が実施されているのも事実です。

　であるにもかかわらず、営業マネジャーの多くはいまだにたくさんの悩みを抱え、成果を上げることができずに困っています。なぜか。要するに、問題解決やロジカルシンキングの手法を学んでも、営業マネジメントの現場では使われていないのです。

　「DX」という言葉が使われはじめて久しいですが、実際、さまざまなモノがデジタルになることによって、数値化される営業活動も多くなってきました。例えば製薬業界では、どの薬がどれくらい処方されたのか、どの病院で処方されたのか等がデータ分析できるようになっています。また、スーパーやドラッグストアで商品が販売されている食品業界やシャンプーなどを扱うトイレタリー業界では、POSデータ（お店のレジから収集される購買情報をデータ化したもの）を入手することによって、いつ・何が・どれだけ売れたかがわかります。小売業がポイントカードを配布しているところでは、ID-POSという顧客情報とPOSデータを連動させた仕組みによって、誰が買ったのかまでわかるようになりました。顧客情報は業界によって差はありますが、営業活動そのものは業界を問わず営業支援システムへの活動報告入力によって数値化できます。勘と経験だけに頼るのではなく、客観的なデータを分析することによって、ロジカルな営業活動ができるようになったのです。

　営業マネジャーの基本的なミッションは目標達成です。そのため、「どうやって目標達成すればよいか悩んでいる」「どう成果を上げてよいかがわからない」というのは、誰かに相談しにくい営業マネジャーの悩みでもあるのでしょう。本書では、この悩みを解決するための1つの方法論として、戦略的、論理的な思考・アプローチを用いて営業

の「問題」を定義し、課題を見出し、解決策を導出する考え方（＝「問題解決の考え方」）をご紹介します。そして「問題解決の考え方」をベースに、営業マネジメントでどのように活用していくか、を記していきます。

　営業マネジャーとして、あるいは営業として働き、標準的、あるいは標準以上の成果を出している方は、ほぼ確実に「問題解決の考え方」に裏付けられた問題解決力をお持ちのはずです。

　事例としては、「食品メーカーの営業」を中心に記載しましたが、この技術はそれに特化するものではなく、ITでも、金融でも、装置でも、サービスでも、どのような業態でも使えるところはあります（比較的、法人向けの営業の人が使いやすいように記載はしています）。

　第1章は考え方を、第2章から第5章までは、問題解決の4つのステップに沿って記載しています。問題解決の基本的な知識をお持ちの営業マネジャーであれば、必要なところを読むだけでも効果があるでしょう。実際には、多くの人がわかってはいるけど言語化できない（言語化できていないため十分に伝えられていない）、あるいは、実行できないことで困っていると思います。もしうまくできていないのならば、ぜひご一読ください。

　本書が、悩んでいる営業マネジャーのみなさんの何らかのヒントになれば幸いです。

2025年1月

株式会社シナプス

代表取締役社長　後藤　匡史

4つのステップで目標を達成する　営業マネジャーのための問題解決の技術 ……………………… **目次**

はじめに

第1章 営業マネジャーには「問題解決」の考え方が欠かせない

1　営業マネジャーのための「問題解決」　　10
- 営業マネジャーは日々、問題に直面している

2　営業マネジャーのミッションは目標達成である　　12
- 営業マネジャーの仕事とは
- 営業担当者（プレイヤー）と営業マネジャーのちがい

3　目標達成に不可欠な問題解決スキル　　14
- 目標達成には問題解決スキルが必要

4　問題解決は4つのステップで考える　　16
- 問題解決は正しいプロセスで考える
- 問題解決プロセスには4つのステップがある

第2章 問題を定義する

問題解決のプロセスStep1：問題の定義

1　問題とはどういうものか　　20
- これはいったい「何問題」なのか
- 問題を定義するにあたっての注意点

2　問題には2つのパターンがある　　28
- 発生型問題と設定型問題

3 立場によって捉えるべき問題の階層は変わる　30

● 同じ状況でも立場によって問題が変わる

4 問題解決における「問題」と「課題」　33

5 営業マネジャーにとっての「あるべき姿＝目標設定」の考え方　35

● 目標設定の3つのパターン
● 目標設定はSMARTで行う

6 目標設定のための事業環境分析　39

● 事実情報の整理
● 戦略目標の導出

第3章｜問題点を見つけ出す

問題解決のプロセスStep2：問題点の発見

1 営業の問題点とは　54

● 問題点はどこにあるか
● 問題点の発見が必要な理由

2 問題点発見のためのブレイクダウン手法　59

● 問題点の発見は二段階で考える
● ブレイクダウンにはロジックツリーを使う
● ブレイクダウンは顧客別に行う
● ブレイクダウンは商品別に行う
● ブレイクダウンは時系列で行う
● ブレイクダウンは担当別に行う
● マトリクスだとより明確な問題点がみえてくる

3 売上の基本方程式を知る　74

● 売上は「客数×客単価」でみる
● 売上は「市場規模×シェア」でみる

●売上は「営業人数×1人当たり売上」でみる

4　問題点発見のためのプロセス分析　　80

●問題点発見のためのプロセス分析

5　顧客の購買プロセスにおけるボトルネック分析　　82

●顧客の意思決定構造を理解する
●顧客の購買プロセスを考える

6　営業プロセスにおけるボトルネック分析　　91

●営業プロセスを考える
●営業プロセスを指標化する
●営業のためのさまざまな指標

7　顧客の課題を探る　　107

●課題分析とソリューションの提案
【コラム】顧客分析するうえでよくある質問………114

8　重要な問題点を絞り込もう　　116

●目標達成のための注力ポイントを決める
●「重要な点」を判断する

9　絞り込み　　122

●重要な問題点は比較して絞り込む

10　複数の問題点の提示　　126

●ビジネスでは問題点が複数ある

第4章　原因を明らかにする

問題解決のプロセスStep3：原因分析

1　原因を明らかにする　　130

●原因を捉える

- ●原因を分析するために「なぜ」を5回繰り返そう
- ●マネジャーからメンバーへの「なぜ」

2 「なぜ」のパターン   137

- ●「なぜ」にはいくつかのパターンがある

3 因果関係の特定   141

- ●原因と結果の関係性のことを因果関係と呼ぶ
- ●因果関係と相関関係は異なる
- ●因果関係が成り立つ基本条件

4 因果関係と相関関係   146

- ●注意すべき「因果関係をまちがいやすいパターン」

5 複雑な因果関係の整理   149

- ●ビジネスの「原因」はシステムによって引き起こされる
- ●因果関係にはさまざまなパターンがある
- ●原因の見つけ方：フィッシュボーンチャート
- ●複雑な因果関係は「因果構造図」で表す

6 課題の設定   159

- ●メスを入れる原因を特定する

第5章 解決策を見つけ出す

問題解決のプロセスStep4：解決策立案

1 解決策立案の流れ   166

- ●解決策立案には「創案」と「絞り込み」がある

2 創案のポイント   168

- ●よいアイデアはたくさんのアイデアのなかにある
- ●ブレインストーミングの4つの原則
- ●アイデア出しの得意な人の特徴

- 社内の成功事例を探そう

3　解決策の絞り込み　　　176

- 解決策は「成果」と「実施の困難度」で評価する
- 短期的施策と長期的施策のバランスをとる
- 施策の実現可能性を評価する
- 解決策の実行で問題解決ができるのかを再チェックしよう

4　営業の成功事例共有　　　184

- 成功事例の定義

5　さまざまな営業施策　　　189

- よくみられる営業施策

6　実行と検証　　　201

- PDCAサイクルを組み立てる
- 検証のためのKGIとKPI
- 施策実行のポイントは営業メンバーがやる気になること

おわりに
索引
参考文献

ブックデザイン／志岐デザイン事務所（萩原睦）
DTP／一企画

第 **1** 章

営業マネジャーには
「問題解決」の
考え方が欠かせない

第 1 章　営業マネジャーには「問題解決」の考え方が欠かせない

1 営業マネジャーのための「問題解決」

営業マネジャーは日々、問題に直面している

　営業マネジャーの役割は、営業組織を束ね、営業を管理し、その結果として営業成果を上げ組織を成長させることです。

　営業マネジャーになりたての人は、自分の手腕でチームをまとめ、大きな成果を出すことを夢見ているかもしれません。それをすぐ実現できる人もいますが、多くの場合、難しい現実に直面します。

　営業マネジャーを苦しめる事象にはどのようなものがあるでしょうか。

　まずビジネス面では、営業の難易度が徐々に上がってきています。昔は「よい製品・サービス」があれば簡単に数字が上がっていました。いまでもよい製品が出れば急速に成果を上げることはもちろんできます。しかし、多くの業界で差別性のある商品を展開することが難しくなってきています。その理由は、競合のキャッチアップが早くなり、差が小さくなってきたためです。例えば、新しい食品を発売したとしましょう。当初はいままでにないおいしさで売れたとしても、多くの場合、すぐに競合が廉価版の模倣品を出します。この時点ではもちろん、先発品のほうがおいしいに決まっています。しかし、時間が経つとともに、競合との味の差が縮まって、最後には「これくらいの味の差なら安いほうがよい」という消費者が増えてしまいます。

　営業面では、顧客にとって「営業担当と会う必要がなくなった」ことが大きいでしょう。日本では2020年から数年間、新型コロナウイルスの大きな影響によって、営業回りを伴う商談が抑えられた結果として、顧客が

10

「営業担当と会わなくても購入検討できる」ことに慣れてしまいました。また、そもそもインターネットを利用して情報収集が容易にできるようになり、説明してもらわなくても商品・サービス選択ができるようになってきています。

人材の面では、いわゆる「昭和の時代」の営業であれば、「俺についてこい」「背中を見て学べ」「死ぬ気で働け」「売れるまで帰ってくるな」という勇ましい掛け声でもそれなりの活動ができていました。いまやこれらの言動はパワーハラスメント（パワハラ）になってしまいますし、20代の営業担当者は素直に言うことを聞く前に転職してしまうでしょう。

また、特に日本の上場企業の営業マネジャーは、管理職としてやらなければならないこと、例えば、メンバーの労務管理、コンプライアンスへの対処、上司への説明、人事との調整等、さまざまな「売上を上げる」以外の仕事があり、自分の仕事に集中することすらも難しくなっています。

これらの事象が営業マネジャーを大きく苦しめています。しかし、苦しいからといってそれで終わってしまっては営業マネジャーの役割を果たせません。

営業マネジャーは、日々、上記のようなさまざまな問題と戦い、解決することによって成果を上げていく必要があります。何も問題がなければ、マネジメントをする必要もなく、営業マネジャーも不要だからです。

ビジネスとは、いわば問題解決の連続です。顧客は自分の問題を解決するためにモノやサービスを購入します。したがって、営業とは顧客の問題解決を支援する役割でもあるのです。そして売上を上げるということは、前向きに解釈すれば、それだけ顧客の問題を解決してきた、きわめて社会的意義の大きい活動ともいえましょう。それを実現する営業マネジャーとは、それだけ意義深い仕事でもあるのです。

第 1 章　営業マネジャーには「問題解決」の考え方が欠かせない

2 営業マネジャーのミッションは目標達成である

営業マネジャーの仕事とは

営業マネジャーの仕事とは何でしょう?

一般に、営業マネジャーのミッションとして、短期的には売上目標の達成と長期的には業績の拡大、およびメンバーの育成が求められます。

より具体的に言えば、営業マネジャーの仕事には、次のようなものがあります。

・営業戦略を立てる
・営業活動を管理する
・営業メンバーが行う営業活動を支援する
・営業の勝ちパターンを策定する
・営業メンバーを育成する

これらはすべて営業マネジャーとして短期的、中長期的に目標達成するために行うことです。したがって、会社から営業マネジャーに託される第一のミッションは目標達成にあります。

営業担当者(プレイヤー)と営業マネジャーのちがい

では、営業担当者(プレイヤー)と営業マネジャーにはどのようなちがいがあるのでしょう?

現実問題としては、営業マネジャーの多くは自分でも数字を持つプレイ

12

ングマネジャーでしょうが、ここでは、そのなかでも「マネジャー」の部分に着目します。

プレイヤーである営業担当者は、実際に顧客に自社の製品・サービスを買っていただくための活動を行います。顧客に連絡し、訪問し、企画・提案し、クロージングする。これらの活動を通じて顧客から受注や売上を頂戴し、企業によっては納品・請求・集金なども行います。つまり、プレイヤーにとっては、できるだけ多くの顧客からできるだけ多くの売上をいただく、ということがミッションになるでしょう。

一方、マネジャーは、それら複数のプレイヤーを通じて売上を獲得していきます。自分で稼ぐのではなく、メンバーに稼いでもらう、ということが必要になります。

多くの営業マネジャーは、営業のプレイヤーとして実績を上げ、その結果が認められてマネジャーに昇格していることでしょう。そのため、他の営業メンバーよりも自分の営業力のほうが高く、結果として、メンバーをみると「自分で売ったほうがうまくできる」と思ってしまいがちです。このような症状を筆者は、「自分がやったほうが早い病」と名付けていますが、この疾患に罹患すると何でもかんでも自分でやってしまい、その結果、自分一人の活躍に売上がかかることになって成長限界が訪れるだけでなく、メンバーが育たないため、中長期的な成長も難しくなります。

営業マネジャーはこの「自分がやったほうが早い病」に罹ることなく、メンバーの営業を支援することで目標を達成する必要があるのです。

第 1 章　営業マネジャーには「問題解決」の考え方が欠かせない

3 目標達成に不可欠な 問題解決スキル

目標達成には問題解決スキルが必要

　さまざまな悩ましい事象に囲まれているなか、営業マネジャーはどのようにして目標達成すればよいのでしょう？

　目標達成のために必要、かつ重要なスキルが「問題解決スキル」です。

　理由は2つあります。

　まず1つは、目標達成を阻むさまざまな問題を解決するために、あるいは目標達成というあるべき姿の実現のために、問題解決スキルが直接的に活用できるからです。やみくもに頑張るのではなく、戦略的に、ロジカルに状況を分析し、解決策を導くことによって、高い確率で目標達成を実現することができます。

　優秀な営業マネジャーに求められるのは、継続的、安定的な成果です。あるときだけ優秀な成績を収める、いわゆる「一発屋」ではなく、与えられた目標を毎期、粛々と達成していくことを期待されます。ほとんどのビジネスでは、受注や売上を上げたあとに納品、またはサービス提供が必要になります。安定的に売上を上げるということは、納品やサービス提供も安定的にできることになるので、製造部門や物流部門、サービス部門にとっても稼働がコントロールでき結果的に利益コントロールがしやすくなります。

　もう1つは、営業活動の言語化です。営業組織の目標達成は、営業メン

14

バー個々人の目標達成度合の積み上げによって決まります。したがって、極論を言えば、営業メンバー個々人が確実に目標達成すれば、チーム全体としても目標達成できるはずです。そのためには、営業メンバー個々人が活躍できていなければなりません。

ここで営業マネジャーの役割の1つである、営業の支援、あるいはメンバー育成、という側面が出てきます。営業マネジャーは、自分が知っている営業の成功法則や、困ったときの対処法をメンバーに伝え、メンバーにも実行してもらわないといけません。そのためには、やり方を「言語化」する必要があります。ここがプレイヤーとマネジャーの行動の大きなちがいかもしれません。「自分でやったほうが早い病」に罹患する多くの人は、このやり方の「言語化」が不得意です。だから説明しきれず、結果的に自分でやったほうが早いということになってしまうわけです。

これからご紹介する問題解決スキルは、やり方の言語化にも大きな力を発揮します。論理的なアプローチを行うことによって、なぜこのやり方で成功するのか、何がポイントになるのかをわかりやすくメンバーに説明することができます。

営業プレイヤーにとっても、もちろん問題解決スキルは重要なスキルです。しかしながら、「営業メンバーみんなに活躍してもらう」ミッションを持つ営業マネジャーにとって、問題解決スキルは必須のスキルなのです。

第 **1** 章　営業マネジャーには「問題解決」の考え方が欠かせない

4 問題解決は 4つのステップで考える

問題解決は正しいプロセスで考える

　問題解決には「正しいプロセス」が存在します。

　問題解決のプロセスの具体的な内容はのちほど説明しますが、正しいプロセスで考えなくてはならない理由は2つあります。順番に説明していきます。

　まず1つめは、正しい問題解決プロセスを用いることによって、問題解決の成功確率が上がるからです。

　営業マネジャーはさまざまな問題を抱えているので、残念ながらすべての問題がこの問題解決プロセスで解決できるわけではありません。無理な目標設定、例えば、前年度の10倍の売上目標を与えられてそれを達成するのは奇跡的な条件がそろわないと難しいでしょう。あるいは、急に複数のメンバーが退職したようなケースでも目標達成は厳しいでしょう。

　一方で、多くの問題は解決可能であることが多く、この問題解決プロセスを利用することによって、成功確率が上がっていきます。さらに言えば、成果を最大化しやすくなります。ビジネスの問題は、正解／不正解を問うようなものではなく、限られたリソースを利用してどこまで成果を出せるのか、その最適解を導き出す性質のものがほとんどです。限られたリソースでどこまで成果を最大化できるのか、そのために正しい問題解決プロセスが役に立ちます。

16

もう1つの理由は（こちらのほうがより重要ですが）、正しい問題解決プロセスを用いることによって再現性が高まるからです。

　再現性とは、一度成功したら同じようなパターンになれば同じように成功する、あるいは、一度失敗したら同じようなパターンでは失敗しない、ということです。正しい問題解決プロセスで考えることによって、もし不幸にも失敗したとしてもどこでミスをしたかがわかります。その結果として、リカバリが早くなり、さらには次に同様の問題に直面したときにミスを回避することができるようになるのです。

　ビジネスで継続的に成果を上げる人は、必ずその人なりの「成功パターン」を持っています。営業として継続的に成果を上げる人も同様で、「顧客がこういう反応したときはこういう話をする」「顧客がこの状況になったらこの提案をする」等のパターンを利用することによって高い成功確率を保ちます。

　営業マネジャーは、毎期、毎年、確実に成果を上げ続ける必要があります。そうなるにはギャンブルのようなやり方ではなく、確実に成果が上がるパターンを持たなくてはなりません。そのために正しい問題解決プロセスを身につけていただきたいのです。

問題解決プロセスには4つのステップがある

問題解決プロセスは、次の4つのステップで考えます。

- Step1：問題の定義
- Step2：問題点の発見
- Step3：原因分析
- Step4：解決策立案

図1 問題解決プロセスの4つのステップ

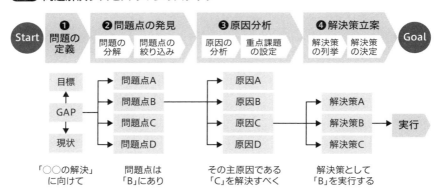

本書では、この問題解決プロセスを順番に説明していきます。みなさんが抱えている問題の状況によって必要となる箇所は異なりますが、まずはステップ1から確認していくことをお勧めします。

その理由は、順番をまちがえると問題を解決しにくいからです。全体像がわかったあとは、改めてご自身にとって必要な個別の部分を中心に、辞書のように繰り返し確認してご活用ください。

第 **2** 章

問題を定義する

問題解決のプロセス Step 1
問題の定義

第 **2** 章　問題を定義する　問題解決のプロセス **Step ❶** 問題の定義

1 問題とはどういうものか

　本項から、営業マネジャーとしての問題解決の考え方について、事例を参考にしながら一緒に考えてみましょう。ここでは架空の食品メーカーの営業マネジャーに登場してもらい、まずは、「問題」とは何か、ということについて確認していきます。

事例　レイコロ社営業マネジャー品津の悩み

　営業マネジャー品津 解は、冷凍コロッケメーカーのレイコロ社で東日本エリアを担当している。

　品津のミッションは、営業マネジャーとして 10 人のメンバーを率いて、今期の売上目標である 50 億円を達成することであり、その目標達成のために日々努力している。

　しかし、品津はさまざまな悩ましい事象に直面し不安になっていた。まず、最近、値上げを敢行した結果、メインの顧客である食品スーパーや、外食チェーンからお叱りの声が増えてきた。また、最近出た新商品「カレーコロッケ」の売上は不調だった。その結果として営業メンバー自身が自信をもって売ることができなくなっていた。さらに、最近若手の営業のモチベーションが下がっているようで、辞めてしまわないかと気になって仕方がない。チーム全体としてもぎくしゃくし始めて、もっとチーム一丸となって動けないものか、と考えている。

　昨年度は 48 億円の売上で、今期は値上げの効果も含めて 50 億円の予算としたが、半期経過した時点でまだ 23 億円。このままだと 45 億円くらいが関の山で、昨年度の売上も超えられないかもしれない。

　さて、何から手を付けるべきだろう？

20

これはいったい「何問題」なのか

　営業マネジャーは、さまざまな「困りごと」で悩みます。しかし、各々の「困りごと」に対してもぐらたたきのように、1つひとつ対処しても本質的な解決にはなりません。何を解決しなければならないのか、すなわち「何問題」なのかを定義する必要があります。そして、営業マネジャーは、問題解決プロセスにおける「現状とあるべき姿のギャップ」を「問題」と捉えるべきです。

図1 問題の定義

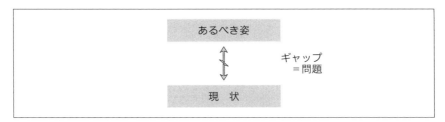

　では、先ほどの事例で営業マネジャーの品津は何を問題と設定すべきでしょうか（この問いを「これはいったい何問題なのか」と表現することもあります）。

　問題の定義を行ううえでは、売上の問題や利益の問題、あるいは「お客様に納得していただく」問題等さまざまあります。特に、目に見えている困りごとに振り回されてしまうと、問題が曖昧なままになってしまいます。

　例えば、「値上げへのお叱り」が増えてきたのでその説明を行い、顧客に納得してもらうことが必要かもしれません。

　あるいは、新商品「カレーコロッケ」のテコ入れを考えるのも1つの選

択肢でしょう。

　はたまた、若手の営業のモチベーションを上げるための 1on1 ミーティングやチーム一丸となるための営業会議なども考えられます。

　これらを実行すると問題が解決するのでしょうか。

　目の前に見えている事象への対処はもちろんできるでしょうが、その本質はどこにあるのでしょう？　そもそも、「お叱り」 に対する説明ができれば、目標達成ができるのでしょうか。

　営業マネジャーが第一に考えるべきなのは目標達成です。すなわち、いま問題として捉えたいのは、

```
現　　　状：成り行きでは 45 億円
あるべき姿：50 億円の売上を達成する
ギャップ：あと 5 億円をどうやって伸ばすか
```

です。

　ビジネスにおける問題解決において設定すべき問題は、ビジネスの目標達成に向けたものであるべきです。したがって、あるべき姿の設定はビジネスの目標に紐づいたものにしましょう。

　問題解決においては、必ず目標数字と現状（成り行き）のギャップを設定しなければならない、というわけではありません。当然、場面ごとに問題とすべき状況は異なります。例えば、「今期の目標はおそらく達成できるが中長期的な 100 億円という数字の達成は難しい」という状況であれば、

> 現　　　状：いまの組織状況では 70 億円が限界である
>
> あるべき姿：中長期的に 100 億円を達成できる組織にする
>
> ギャップ：+30 億円をつくるにはどういう組織が必要か

となります。

問題を定義するにあたっての注意点

　問題の定義を行うにあたっては、いくつかの注意点があります。以下、順番に説明していきます。

①目的に則った問題を定義すること

　「問題」として設定するからにはビジネス上、意味のあることを設定する必要があります。例えば、品津の立場で「値上げへのお叱りを減らす」という問題を設定したらどうでしょう？　値上げについて顧客に説明することで売上が拡大するのであれば意味がありますが、おそらくこの状況では（まったく効果がないとは言いませんが）大きなインパクトにはつながりにくいでしょう。

　ポイントは、上位目的を考えて問題を定義することです。今回のケースであれば、組織の目標としての売上にフォーカスしていますが、もし営業本部全体として「粗利率の向上」を目的にしているのであれば、品津が設定する問題も「粗利率」から考えたほうがよいかもしれません。

②実現可能なギャップを設定すること

　現状とあるべき姿の「ギャップ」には実現可能なものを設定したいものです。例えば、品津の状況で「今期、あと 100 億円プラスで売り上げたい」

というのには無理があり、取り組むべくもないでしょう。

③あるべき姿は達成したかどうかが判断できるものにすること

　問題解決プロセスにおいては、最終的に「問題が解決する」ところまで進めたいものです。ですので、「どうなったら解決したか」がわかるようにしておくとよいでしょう。その意味で、定量的な設定はわかりやすいのでお勧めです。例えば、売上目標や利益目標、あるいは、「残業時間削減」なども設定しやすいでしょう。

　一方、定性的な目標設定にならざるを得ないケースもあります。例えば、人材育成等が典型的ですが、

現　　　状：メンバーの１人が一人前の営業として活動できていない
あるべき姿：一人前の営業として活動している
ギャップ：一人前の営業活動

という定義もできます。ただし、この「一人前の営業活動」を具体化しておかないと問題が解決したかどうかが判定できません。仮に、営業本人の自己認識に任せてしまうと、
「あなたは一人前の営業になりましたか」
「はい、なりました！」
というトンチンカンな会話が交わされることになり、これでは一人前の営業だと判断できないでしょう。例えば、「一人前の営業とは、一人で営業活動を行い１社以上から売上を上げることができること」と定義すれば判定は簡単になります（これで一人前としてよいかどうかは議論が必要ですが）。

営業組織の場合は、最終的に売上や粗利が目標になることがほとんどなので定量化がしやすいです。無理やり定量化する必要はありませんが、定量化が可能かどうかは確認してみてください。

④あるべき姿と解決策を混同させないこと

問題の定義を行う際には「あるべき姿」を設定する必要があります。ところが漫然と考えていると、あるべき姿ではなく、例えば以下のように、先に「解決策」（下線部分）を思いついてしまうケースがあります。

現　　　状：23億円しかみえていない
あるべき姿：販促施策を行うことで30億円を達成する

現状が23億円、であれば、あるべき姿は「30億円を達成する」でよく、販促施策を行うかどうかはこのあと考えればよい話です。

現　　　状：中長期的に売上70億円しかみえていない
あるべき姿：売上100億円を達成できる戦略を組み立てる

現状が70億円、であれば、あるべき姿は「100億円を達成する」でよく（戦略を組み立てる必要はもちろんありますが）、戦略を組み立てるかどうかはこのあと考えればよい話です。

現　　　状：メンバーの1人が一人前の営業とはいえない

> あるべき姿：営業教育を行って一人前に育てる

　現状で一人前の営業になっていない場合は、一人前に育つことがあるべき姿であって、教育を行うのか、現場で自分で気づいて成長するのかはこのあと考えればよい話、ということになります。

　あくまでもあるべき姿は、「こうありたい」という状態を示すものであって、具体的な行動計画を設定すべきではありません。
　具体的な行動計画は解決策で示せばよく、いまは現状をどのような状態にしたいか、を整理しましょう。

⑤現状、あるべき姿、ギャップは同じ項目について設定すること
　問題の定義を行う際には、①現状、②あるべき姿、③ギャップの３つを規定することになります。
　概して問題の定義は「本当に解決したいこと」を定義することになるので、多くの場合、結果的に簡潔な内容に収れんします。ところが、営業の現場ではさまざまなことが起こっており、あれもこれもと気になるためすべてを書いてしまい、結果的に問題の定義がよくわからなくなることがあります。例えば、

> 現　　　状：営業活動が十分にできていない
> あるべき姿：目標達成 50 億円
> ギャップ：新規訪問活動に注力する

というようなパターンです。現状の「営業活動が十分にできていない」が

曖昧なのが原因と考えられます。もし、営業活動量を増やしたいなら、例えば、

現　　　状：営業活動が少なく平均商談数が2商談／日
あるべき姿：5商談／日
ギャップ：＋3商談／日

とすべきですし、売上問題にするのであれば、

現　　　状：成り行きでは45億円
あるべき姿：50億円の売上を達成する
ギャップ：あと5億円をどうやって伸ばすか

とすべきでしょう。

　また、新規訪問活動にフォーカスしたいなら、

現　　　状：月に新規商談が7件／人
あるべき姿：月に新規商談が10件／人
ギャップ：＋3件／人の新規商談

とするとよいでしょう。

第 2 章　問題を定義する　問題解決のプロセス Step ❶ 問題の定義

2 問題には2つのパターンがある

発生型問題と設定型問題

　問題の定義は、現状とあるべき姿のギャップと説明しました。実は、問題には発生型と設定型の2つのパターンがあります。

図2 発生型問題と設定型問題

①発生型問題

　発生型問題とは、あるべき姿は普段どおりでいいが、現状が普段どおりから逸脱して困っているケースです。例えば、「風邪をひいて熱が出て仕事ができない」というような事態や、「コピー機が壊れていて使えない」というようなものです。営業マネジャーの目標達成の観点で言えば、「今期の売上予算が昨年実績と同じく 10 億円だったのだが、重要顧客を失ってしまいこのままだと 9.5 億円にしか届かない」というような状況もこれにあたるでしょう。

　発生型問題は目に見えてトラブルが起こっている場合に改めて再設定すべきものです。「顧客からのクレームが入った」「営業メンバーがトラブルを起こした」「メンバーの1人が退職した」等、想定外のことが起こったら、

改めて問題の定義を行いたいところです。

②設定型問題

　設定型問題とは、あるべき姿を変えたためにいままで通りではダメになった、というケースです。例えば、「いままで10億円の売上を達成してきたが、より高い目標として来年度は12億円目指そう」という場合です。

　よく「問題がないのが問題だ」という言葉が経営者の発言として取り上げられます。この真意のほとんどはこの設定型問題のことを指しており、要するに「問題がないと言っているということは、現状維持に満足してしまい成長がない」ということです。

　設定型問題が最も顕在化しやすいのは、新たな目標設定を行う期初のシーンでしょう。営業マネジャーの場合、「来期目標」は上から落ちてくる、つまり、会社から設定されることが多いでしょうが、自分なりに設定する必要があるケースもあります。会社が期待する目標よりも高い成果を出せそうであれば、自らストレッチ目標を設定することも選択肢の1つになります。

第 2 章　問題を定義する　問題解決のプロセス Step ❶ 問題の定義

立場によって捉えるべき問題の階層は変わる

同じ状況でも立場によって問題が変わる

　ビジネスの何らかの活動には上位目的があります。例えば、営業活動を行う目的は売上の向上であり、売上向上の目的は利益の向上であり、利益向上の目的は企業価値の向上にあるでしょう。

　例えば、顧客からの電話を取ったら「おたくのところの製品が壊れている。どうしてくれるんだ！」とお怒りだったとしましょう。
　さて、これはいったい何問題でしょう（ここでは何が本質的な問題なのでしょう）？

　担当者であれば、「お客様が激怒している（現状）ので、怒りを鎮める（あるべき姿）」問題かもしれませんし、「お客様が製品が使えなくてお困り（現状）なので、製品を使えるようにする（あるべき姿）」問題かもしれません。
　あるいは、「故障が起こってしまう仕組みなので、再発しないようにする」再発防止問題かもしれません。さらに上位目的を考えると「顧客満足度を上げる」問題かもしれません。

　これらの問題の定義はどれもまちがってはおらず、状況によって、あるいは立場によって問題の定義が変わってくる、ということです。
　あなたが担当営業で、目の前で顧客が激怒していたら、怒りを鎮めることがまず最優先すべき問題でしょう。しかし、あなたが経営トップであれ

図3 問題設定の階層

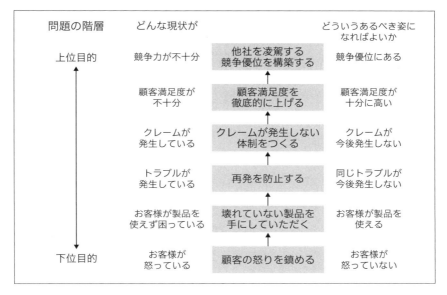

ば、1人ひとりの怒りを鎮めるのではなく、顧客満足度を高めること、あるいは競争優位性を構築することが問題の定義となります。

たとえば、韓国の自動車メーカーのサムスン社が成長していた1990年代は、故障が発生しても品質改善による対処をしたいようでした。サムスン社のことを記載した『危機の経営』(畑村洋太郎、吉川良三著、講談社)では、

> サムスンの場合は、次の製品で不良が発生することより、現に生じている問題を素早く解決することを優先しているわけです。それは顧客重視の考え方をしているからです。製品の質が向上することで確かに顧客も恩恵を受けますが、そのようなものは故障への対応が遅いことで被る不便さの前にはすべて吹っ飛んでしまいます。

とあり、当時のサムスン社では、顧客からのクレームには迅速に対応することが問題解決につながると考えていたようです。逆に、当時の日系メーカーでは故障の箇所を特定し原因を調べ製品設計や製造プロセスに反映させてより高い製造品質に改善していく方針が採られていたようです。

　以上のように、サムスン社と日系メーカーの対応のちがいは、問題の定義をどの階層で設定するかによって、解決策が大きく変わることを示しています。

　目の前で困っていたらいったん対症療法的にトラブル対応する、これも必要なシーンは多々あるでしょう。しかし、いったんの対処が終わったら一歩引いて、「さて、この問題は何問題なのか」「どのレベルの問題として捉えるべきなのか」について考えてみてください。

4 問題解決における「問題」と「課題」

　問題解決における「問題」は、一般的な日本語の「問題」とはニュアンスが少し異なります。

　問題解決における「問題」は、現状とあるべき姿のギャップのことである、というようにご説明しました。

　また、「課題」とは、問題解決プロセスにおける原因分析を行ったうえで対処すべき原因を特定したものを指します。

図4 問題と課題のちがい

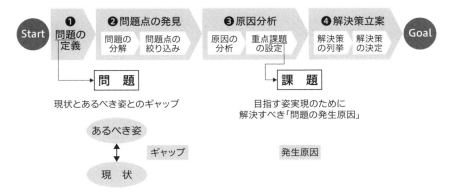

　この「問題」という言葉の意味は、『デジタル大辞泉』（小学館）によると、
1　解答を求める問い。試験などの問い。
2　批判・論争・研究などの対象となる事柄。解決すべき事柄。課題。
3　困った事柄。厄介な事件。
4　世間が関心をよせているもの。話題。
と記されています。

問題解決における「問題」は主に「2」のことを指します。日本語では「3」の困った事柄のニュアンスが強くなりますが、ビジネスにおける問題解決では「解決すべきフォーカスポイント」を決めておきたいのです。

　また、上記の『デジタル大辞泉』では「2」で課題と記しているので、日本語の意味としては混ざってしまっていますが、概念として、「問題」と「課題」は異なるものを指していると理解しておいてください。

　たかが言葉の定義と考えてはいけません。「正しく定義しておくとより正確に理解できるのでわかったつもりにならずに済む」という点できわめて重要です。また、組織内でまちがったコミュニケーションがなされない、ということも重要なポイントです。例えば、「課題を整理せよ」というミッションが与えられた際に、現場で気になっていることを羅列するだけだと、やるべきことがなされたことにならないでしょう。

　これらのミスコミュニケーションを防ぐ目的もあるのかもしれませんが、ロジカルシンキング、クリティカルシンキングなどでは「問題」のことをイシューと呼ぶケースもあります（人によっては「課題」のことをイシューと呼んでいるケースもあり、これもまた活用が難しいのですが）。

　いずれにしても、組織において共通の定義を持っておくべきです。そして、本書では改めて、

問題：現状とあるべき姿のギャップ

課題：対処すべき原因

と定義し、この意味で使っていきます。

第 2 章　問題を定義する　問題解決のプロセス **Step ❶** 問題の定義

5 営業マネジャーにとっての 「あるべき姿＝目標設定」の考え方

目標設定の3つのパターン

　営業マネジャーとして設定型問題に取り組む、すなわち、来期の目標設定を行う場合、どのように決めればよいでしょうか。

　一般に目標設定を行う場合、①会社の事情によって決められる目標、②自分でありたい姿を設定する目標、③事業環境によって決められる目標という3つのパターンがあります。

　これら3つのパターンを勘案して決めていくことがほとんどかと思いますが、どれか1つの視点に偏ることなく、総合的に決めていくことがよい目標設定につながります。

①会社の事情によって決められる目標

　1つめは、会社の事情によって決められるものです。例えば、経営が「株主との約束により売上1000億円を実現したい」と意思決定した場合、全営業部署の来期の売上目標は1000億円を基本に割り振られることになります。そこから、A部門は市場が好調なのでプラス10億円、B部門は市場が減退気味なのでマイナス10億円等、調整がなされて最終的に各営業部署の売上目標、予算が決まる、というものです。

　これらは多くの場合、前年対比をベースに決められる傾向が強いです。「前年の売上が100億円だったので、今期はプラス10％で110億円としよう」という感じですね。業態特性にもよるのですが、顧客数が多い業界やリピート性の高い商材特性を持つ業態は前年対比の考え方がマッチしや

35

すく、多くの業態では売上前年対比は1つの参考になっているものと思います。

　一方、1件当たりの単価が高く需要量が少ないものだと年度ごとの売上が乱高下しやすいので、前年対比の考え方はなじみにくいでしょう。例えば、半導体製造装置は1台当たり何十億円となるものもあり、その営業担当者になると「売れたら予算達成、売れなかったらゼロ」というかなりリスキーな状態で、前年対比があまり参考にならない業態の1つでしょう。

②自分でありたい姿を設定する目標

　2つめは、自分でありたい姿を設定するものです。中間管理職である営業マネジャーにとって、自分で目標を決められるケースはあまり多くないかもしれませんが、いずれ経営に関わる可能性もあるでしょうし、あるいは企業・組織によっては「あなたはどうしたいのか」と問われるケースもあるので、自分なりの目標を設定しておきたいものです。

　例えば、「業界No.1になる」や「年収を倍にする」等は、将来の目標（いわゆるビジョン）として設定されることはよくあります。これが実現可能な目標になるかどうかは、次に記す事業環境を勘案して決めていく必要があるでしょう。

③事業環境によって決められる目標

　3つめは、事業環境によって決められるものです。例えば、「市場規模全体が100億円で今後の成長も見込めない」となると、いままでのビジネスのあり方では100億円以上の売上はつくれないでしょう。さらに「競合に対するシェア30％が限界であり、新たな競争優位性もつくれない」となると、「30億円が限界」ということになります。逆に「新しい機能を

付け加えることで新たなニーズが発生し市場規模が倍になる」「ポジショニングを強化することによってシェアを5ポイント増やせる」といった目算が立つのであれば、より高い売上目標の設定も可能でしょう。

このように、営業マネジャーとして主体的に設定するのであれば、事業環境の分析が欠かせません。

目標設定はSMARTで行う

営業マネジャーとして、営業メンバーの目標設定を行う場合には「適切な目標設定」が必要です。あまりに簡単な目標だとメンバーが頑張らなくなりますし、逆に、高すぎると目標そのものを意識しなくなってしまいます。

よく使われる目標設定のフレームワーク（考えるための枠組み）に「SMART」があります。1つの視点として使いやすいので覚えておくとよいでしょう。

SMARTは、

S：Specific（具体的）——誰がみてもわかりやすい具体的な内容にする

M：Measurable（測定可能）——最終的に測定できる目標にする

A：Achievable（達成可能）——達成できる程度の高い目標にする

R：Relevant（経営目標との関連性）——目標達成が経営目標に合致している

T：Time-bound（期限）——いつまでに達成するかが決まっている

で表されます（SMARTの各項目は諸説あり、例えば、「Assignable：割り当てられる」「Realistic：現実的な」等を用いるケースもあるようですが、一般的に言われているものを提示しています）。

営業の場合、予算という形で売上目標等の数値が設定されることが多く、Specific（具体的）でMeasurable（測定可能）でTime-bound（期限）なものにはなりやすいですが、Achievable（達成可能）でRelevant（経営目標との関連性）になっているかについても、チェックしておきたいところです。

　また、目標管理制度（MBO: Management By Objectives）を導入している場合によくみられることですが、予算などの定量的な目標だけでなく定性的な目標もセットで設定するケースがあります。この場合にもSMARTの視点を意識するとよいでしょう。定性的な目標の場合は特に、SpecificでMeasurableを意識しておくことが重要です。

第 2 章　問題を定義する｜問題解決のプロセス Step ❶ 問題の定義

6 目標設定のための事業環境分析

事実情報の整理

　事業環境分析とは、営業を取り巻く環境を整理し、今後売上を上げ、拡大していくために何に取り組むべきなのか、その示唆を挙げていく活動です。

　その際によく使われるフレームワークが、経営戦略やマーケティング戦略の分析でも使われる3Cフレームワークです。3C分析とも呼びます。

　3C分析は3つのC、すなわち、市場の視点（Customer）、競合の視点（Competitor）、自社の視点（Company）から、重要な事実情報を抽出するものです。それは言い換えれば、3つのCの観点での情報を持っていな

図5 3C分析

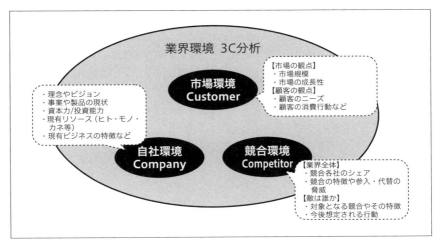

ければ、十分なビジネス分析はできないということでしょう。最低限の情報収集ともいえるかもしれません。

例えば、事例の品津のように営業エリアが決まっている場合には、

・自分が担当しているエリアの市場状況やポテンシャル（Customer）

・競合の動向（Competitor）

・自社の状況（Company）

について考えていきます（冒頭と同じく営業マネジャーの品津が所属する冷凍コロッケメーカー・レイコロ社の架空事例です。あくまでフィクションなので、数値などは正確なものではありません）。

事例 市場（Customer）の概要（事例用のフィクション）

◆市場全体の状況

・冷凍食品の市場規模は全国で1兆円を超え、トン数ベースではそのうちコロッケは1割程度を占めている。

・東日本エリア（北海道、東北、北関東、甲信）は、約15％の市場規模である。

・冷凍食品市場は年々拡大傾向であるが、食品全体の市場規模が伸びていないため、年平均1〜2％程度の伸びである。

◆顧客セグメント

・顧客は大きく2タイプあり、家庭用市場と業務用市場である。

　○家庭用市場：食品スーパーやドラッグストアがメインの販路で一般生活者がエンドユーザである

　○業務用市場：大手外食チェーン、居酒屋等外食店、学校給食、病院・介護施設の給食、ホテル等多岐にわたる

・家庭用市場は、新型コロナウイルスの影響から家庭での食事シーンが増えたことに加え、共働き世帯やシニア世帯が増えているこ

とから、調理の簡素化が求められるようになってきた。そのことを背景に市場が拡大している。
・家庭用市場の店舗数は東日本エリアで大型、小型含めて3000店舗程度である。それ以外にコンビニエンスストアも存在している。
・業務用市場は、人手不足に伴いあらゆる業態で効率化が求められているため冷凍食品の需要も拡大している。業態別には、高齢化による病院・介護施設の給食の拡大、インバウンド需要によるホテル業態の拡大が顕著である。

◆顧客ニーズ
・家庭用市場では、エンドユーザから価格と品質のバランスが求められており、特に味の良さと調理簡便性が重視されている。食品スーパーやドラッグストアでは、リベートによる値下げが常態化しており価格が重要な要素となっている。
・業務用市場では、メニュー対応力と供給の安定性が重要だが、それだけでなく、季節のメニューや限定メニューなどの対応も求められている。人手不足に伴いあらゆる業態で調理工程の効率化が求められるため、冷凍食品の高品質化も相まってより高いレベルで求められるようになってきている。

3C分析における「市場」の視点

　3C分析における市場（Customer）は、主に市場全体、顧客セグメント、顧客ニーズの観点でみていきます。

　市場全体の観点は、市場規模や成長性などを確認します。営業の場合、売上をどうつくるかがミッションであることが多いですが、売上は市場規模より大きくなることはありません。まず自分のチームの成長限界がどこにあるかは知っておきたいものです。また、成長性は、「成長しているときは投資する」「成長していないときは投資しない」が経営のセオリーです。

41

したがって、市場が成長しているときは本社に掛け合ってでもリソースを多く投入する等の工夫が必要です。

これらの市場全体の情報は、業界によって収集できるケースとできないケースがあります。医療業界（製薬メーカーや医療機器）、自治体向けのビジネス等は比較的情報がそろっています。一方で機械に使われる部品（例えば、ねじ等）は用途が多岐にわたるうえに、BtoB型のビジネスでは最終市場そのものがみえにくいケースが多く、市場規模がわかりにくいです。

営業マネジャーとしては、あくまでも自分のチームの伸びしろがどれくらいあるのかを市場全体の観点から押さえておけばよいので、市場規模自体を正確に捉えなければならないわけではない、とご理解ください。

【顧客セグメントの視点】

顧客セグメントとは、「顧客をあるカテゴリで分類整理したもの」と考えてください。例えば、冷凍食品市場の場合は、「家庭用」と「業務用」では市場の動きやニーズが異なります。また、業務用のなかでも、インバウンド需要に沸くホテルと、高齢者の増加によって増えつつある介護施設の給食では持っているニーズが異なるでしょう。

これらの動向を整理しておき、もしわかるのであれば、それぞれの市場規模や成長性なども求めておきたいところです。

【顧客ニーズの視点】

顧客のニーズも整理しておきましょう。冷凍食品メーカーであれば、「なぜ顧客は冷凍食品を利用するのか」「どのような観点で選択するのか」「最近、どのようなトレンドがあるのか」等を記載したいところです。

| 事例 | 競合（Competitor）の分類 |

○家庭用市場

　スーパーなどの冷凍陳列ケースに並ぶ競合としては大きく分けると３種類ある。すなわち、大手冷凍食品メーカー、地場の中堅冷凍食品メーカー、スーパーなどが展開するPB（プライベートブランド）である。

　一般消費者の視点で考えると、これらに加えて惣菜売場のコロッケや手作り、あるいは精肉店や外食店等の専門店で売っているコロッケも競合プレイヤーに入る。

　家庭用市場では、主に冷凍食品メーカー同士の競合性が高く、なかでも、
・大手冷凍食品メーカー　Ｚ社
・大手冷凍食品メーカー　Ｙ社
の２社が強い競合である。

○業務用市場

　業務用市場の競合も３社ある。すなわち、大手冷凍食品メーカー、地場の中堅冷凍食品メーカーである。

　広い意味では顧客自身が自社で内製化したり、給食ベンダーなどにアウトソースすることも競合になってくる。

　東日本エリアにおいては業務用市場では、
・大手冷凍食品メーカー　Ｚ社
・大手冷凍食品メーカー　Ｙ社
・地場冷凍食品メーカー　Ｘ社
の３社が強い競合である。

◆Ｚ社の特徴と動向

　Ｚ社は冷凍食品メーカー大手の１社であり、おかず調理品や弁当

用調理品だけでなく、米飯や麺など幅広いラインナップを持ったメーカーである。豊富なラインナップに加え、日本全国へ販売する販売網を備え、生産効率も高く低価格を維持している。コロッケだけでなくさまざまなカテゴリを持っているため、顧客からの信頼も厚く、大手のスーパーなどでは棚のコントロール（どの棚にどの製品を並べるかを決めること）に大きな影響を与えている。

営業の人数は家庭用中心に東北・北関東・甲信で約30人である。

動向としては、家庭用への注力度合が高く、定期的に価格販促を入れるなど、冷凍食品全体が低価格に見えるように工夫しており、製品カテゴリのどこかに注力するというよりも全体にまんべんなく投資をしている。

◆Y社の特徴と動向

Y社は冷凍食品メーカー大手の1社であり、おかず品と米飯を中心に幅広いラインナップを持ったメーカーである。早くから味と品質の改善にこだわりを持ち、多少価格が高くても消費者から「おいしい」という評判を得て売れている。

営業の人数は家庭用、業務用ともほぼ同数で東北・北関東・甲信で約40人である。

動向としては、家庭用、業務用両方に展開しており、物価高騰の折には積極的に値上げ交渉に入るなど、利益確保を経営方針の第一義としている。ただし、値上げの前には必ず一般消費者向けのプロモーションや新製品開発など付加価値をつけることに余念がなく、その結果として消費者からの支持が強い。

◆X社の特徴と動向

X社は中堅冷凍食品メーカーであり、東北を起点に拡大してきたが、近年、東日本全体に急速に拡大している。コロッケを中心とするラインナップを持ち、主に大手外食チェーンや、コンビニエンスストアのお弁当などに採用されている。業務用だけに展開しているが、まれに業務用商品を扱うスーパーなどで、「業務用」として店頭に並ぶこともある。

営業人数は東北・北関東・甲信全体で約30人であり、全員業務用の担当をしている。

　動向としては、業務用だけに特化しており、現在営業人員を増やし拡大傾向にある。ラインナップも少しずつ増やしており、コロッケ専業メーカーからの脱却がみられる。

３Ｃ分析における「競合」の視点

　競合の視点は、大きく競合プレイヤーには誰がいるか、とそれぞれ主な競合の特徴、動向を整理していきます。

　また、可能であれば各社のシェアなども記載しておきたいところです。

　まず、競合プレイヤーは誰かを考えます。一般に競合というと、同じカテゴリの製品・サービスを提供しているプレイヤーと考えがちです。それもそのとおりなのですが、顧客にとっての選択肢を考えてみると意外な競合がみえてきたりします。

　例えば、ＪＲ東海が運営している東京〜新大阪の東海道新幹線の競合はどこでしょう。パッと思いつくのは在来線、飛行機、高速バスや自家用車かもしれません。これらももちろん競合プレイヤーになりますが、最近では「出張を止めてオンライン会議で済ませる」という選択肢が出てきました。いままで出張で新幹線を使っていた方が使わなくなる、ということであれば、直接の競合でなくてもその動向は把握しておきたいところです。

　続いて、そのなかで「主な競合は誰か」という視点も必要です。東海道新幹線の視点で考えれば、結局ダイレクトに「移動」という需要を争っているのは飛行機や高速バスなどになるでしょうから、それらに対する状況

の把握、ということになるでしょう。

　主な競合の把握、という視点では大きく特徴と動向をつかみます。特徴とは、持っているリソースや顧客からみたブランドイメージ等でしょう。営業マネジャーとして分析する場合は、相手の営業リソースや予算規模も把握しておきたいところです。これらはダイレクトに自社の営業状況に影響してきます。

　そして、もう1つの視点はその動向です。何に力を入れようとしているのか、あるいは当該市場に力を入れているのか、入れていないのか。今後、どういう戦略方針を打ち出してくるのか。これらは事実として収集できない可能性も高いですが、仮説でもよいので検討しておきたいところです。

事例　自社（Company）の概要

◆戦略方針
・コロッケや揚げ物を中心としたラインナップで主に家庭用に展開。今後も継続して家庭用を拡大していく方針。
・会社全体としては、外食チェーンや給食等業務用への拡大も期待している。

◆リソース
・東日本エリアを担当する営業チームは10人。そのうち6人は入社15年以上のベテランであり、3人が4〜6年目、1人は新入社員である。
・主力製品である冷凍コロッケを中心に、揚げ物ラインナップも多様である。
・揚げ物以外のラインナップはほとんどない。

◆強み
・主力のポテトコロッケは、比較的安価で高品質であることがウリになっていて消費者からも支持されている。
・北海道、長崎県、茨城県に提携しているじゃがいも農家が多くあり、そこからの調達によってかなりの量を賄っているため、安定した品質のものを適正単価で提供できている。
・中堅規模の企業のため、小回りが利きイレギュラーな社内稟議も比較的容易に行うことができる。

3C分析における「自社」の視点

　自社の視点では、自社および自分の担当エリア（カテゴリ）の状況を整理することになります。

　特に整理したい視点は「戦略方針」と「リソース」の2つです。

　戦略方針は、大きな方向性を整理しておきます。営業マネジャーとしては、自分のチームの方針は会社方針に従って組み立てる必要があります。会社方針に従わないと、チームの運営がとても難しくなるからです。逆に言えば、会社方針に従っている限りはリソースが獲得しやすくなり、また、強みが活かしやすくなることが多いです。

　もう1つの視点はリソースです。特に強みになる要素を重点的に整理しておきたいところです。積極的につかんでおきたいのは自社の商材に関する情報と、自チームの営業リソースに関する情報です。

戦略目標の導出

　前述した事実情報から、自分たちのビジネスに影響する要素を考えてい

47

きます。そのための枠組みとしてSWOT分析もご紹介します。

SWOT分析は、事実情報を元に、その意味合いを解釈し、自社にとってどのようなインパクトがあるのか、それを導き出すためのフレームワークです。

図6 SWOT分析

SWOT分析は大きく上下と左右に分かれています。

上下は、下部：外部環境、上部：内部環境、です。

外部環境とは、市場の状況や競合の動向から導き出されるもので、ビジネス拡大の可能性がある要素や変化点、逆に利益を損なう可能性のある要素等を導き出します。

内部環境とは、自社の状況ですが、正確には競合他社と比較した自社の特徴を示したものです。

一方で左右は、左＝プラス要素、右＝マイナス要素、です。

物事には必ずプラスの側面とマイナスの側面があります。例えば、市場

が成長している場合、プラスにみれば「自社にとって成長のチャンス、参入チャンス」です。一方で、マイナスにみれば「競合他社にとって成長のチャンス、参入のチャンスであり競争激化の可能性あり」とも考えられます。

あるいは、自社の営業人数が競合他社よりも多い場合、プラスにみれば「自社は営業リソースが潤沢であり顧客へのフォローを丁寧にできる」とも言えますが、マイナスにみれば「営業人件費がかさみコストが高くなる」とも言えます。

環境分析は「戦略目標」を導くために行う

環境分析の目的は、外部環境の状況、多くの場合はその変化に対して、自社（≒内部環境）がどのように対処するかを検討することにあります。この外部環境の状況・変化に対して内部環境の状況下でどう対処していくかを導き出したものを「戦略目標」と名付けます。

この戦略目標を視野に入れて、今後の営業目標を設定するのが、環境分析でのセオリーともいえましょう。

本書の事例で登場するレイコロ社のSWOT分析をまとめると、次ページ図のとおりです。ご確認ください。

49

図7 本書の事例（レイコロ社）のSWOT分析

S：

○安価で高品質な主力ポテトコロッケ
- レイコロ社のポテトコロッケは、安価でありながら高品質を保っているため、消費者からの支持が高い点が強み。

○安定した原材料の調達
- 北海道、長崎県、茨城県の提携農家からの安定したじゃがいも調達により、製品の品質とコストをコントロールできており、他社に対して供給安定性と適正価格が強みになっている。

○迅速な意思決定が可能な組織体制
- 中堅規模で小回りが利き、稟議もスムーズに進められるため、市場変化や顧客ニーズに迅速に対応できる。この柔軟性は競合大手との差別化要因。

O：

○冷凍食品市場の拡大傾向
- 市場全体が年々成長しており、家庭用冷凍食品への需要が高まっている。特に、東日本エリアの市場は全国市場の15％規模で、今後も需要の増加が見込まれる。

○家庭用市場における簡便化ニーズの増加
- 新型コロナウイルスの影響で家庭での食事が増えたことや、共働き世帯やシニア世帯の増加により、簡単に調理できる冷凍食品の需要が拡大している。この流れは今後も続くことが見込まれるため、家庭用の新製品開発にとって追い風である。

○業務用市場における効率化ニーズの高まり
- 人手不足に伴って業務効率化への関心が高く、冷凍食品の需要が拡大している。特に、病院・介護施設やホテル業態のニーズが増えており、業務用に対応した製品開発や提案が有効である。

W：

○製品ラインナップの限定性
・コロッケや揚げ物に特化したラインナップであり、Ｚ社やＹ社のように米飯や麺類といった他カテゴリへの展開が少ないため、総合冷凍食品メーカーとしての競争力に欠ける面がある。

○営業リソースの少なさ
・東日本エリアでの営業人数が10人で、ベテランが多いものの他社に比べ少人数であるため、競合が多い地域において営業活動が限られる可能性がある。特に、家庭用、業務用のそれぞれで専任を増やす余地があると考えられる。

○価格戦略における課題
・価格競争の激しい家庭用市場では、リベートによる値下げ圧力に加え、他社製品との差別化が難しいため、価格政策での柔軟性に欠ける部分が課題である。

T：

○価格競争の激化
・業界内での価格競争が激化し、スーパーやドラッグストアではリベートによる値下げが常態化しているため、価格が販売に与える影響が大きくなっている。コストパフォーマンスを維持する必要がある。

○大手競合による製品ラインナップの豊富さ
・競合のＺ社やＹ社は幅広いラインナップを有しており、家庭用・業務用の両市場で優位性を持っている。また、Ｙ社は品質へのこだわりから消費者に「おいしい」と認知され、価格が高くても支持を集めている。

○業務用市場における内製化やアウトソーシングの進展
・給食ベンダーや顧客自身が内製化を進めたり、アウトソーシング先を選択する動きが広がっており、業務用市場における競争環境が複雑化している。

図8　導き出された戦略目標

①家庭用市場での売上拡大：簡便調理が評価されている状況を捉え、家庭用市場での売上拡大を狙う。新入社員を含む若手の能力開発を行う

②業務用市場での売上拡大：業務用市場での売上拡大に合わせて新たなニーズに応えるための営業活動を行う。Ｘ社の参入が少ないとみられるホテルや給食業態を中心に拡大を担う

第 **3** 章

問題点を見つけ出す

問題解決のプロセスStep 2
問題点の発見

第 3 章　問題点を見つけ出す　問題解決のプロセス Step ❷ 問題点の発見

1 営業の問題点とは

問題点はどこにあるか

　問題が定義されたら、続いては問題点の発見を行います。ここでも、レイコロ社の品津の事例で考えていきましょう。

事例　レイコロ社での問題点の発見

　冷凍コロッケメーカー、レイコロ社の営業マネジャーの品津は目標達成に向けてどのように＋5億円を実現するかで悩んでいた。
　新製品のカレーコロッケの拡売を強化すべきなのか、あるいは最近リソースがかけられていない大手外食チェーンへの営業に取り組むべきなのか、新人教育の優先度が高いのか……。

　レイコロ社の顧客は、大きく2つのタイプに分けられる。1つは「家庭用事業」の顧客で、一般消費者向けに「レイコロ」ブランドの商品を展開する食品スーパーやドラッグストア等である。もう1つは、「業務用事業」の顧客で、外食チェーンや居酒屋、ホテル、弁当・惣菜、給食事業者等、多岐にわたる。
　レイコロ社の製品ラインナップはさまざまで、主力は冷凍コロッケである。ポテトコロッケ、カレーコロッケ、クリームコロッケ等のコロッケを展開している。また、とんかつやチキンカツ、エビフライ、アジフライ等パン粉を衣とした揚げ物や唐揚げなども展開している。
　レイコロ社の東日本エリアは首都圏1都3県を除く東北、関東甲信地方の11県をカバーしている。
　レイコロ社の東日本エリアの営業は10人であり、ベテラン6人、

若手３人、新人１人の構成であり、おおよそ、１人１県が担当エリアである。

これらのさまざまな要素をどう組み立てていけばよいのだろう？

「営業組織における問題点は何でしょうか？」と聞かれると、さまざまなことを思い浮かべます。

例えば、「数字が上がらない」「Ａ社が攻略できない」「競合よりよい提案がつくれない」「書類作業が多く営業活動に専念できない」「モチベーションが上がらない」などなど。

これら個々の事象は、たしかに解決しないといけないこともあるかもしれません。しかし、問題解決、すなわち定義した「問題」に対して効果があるかどうかがみえません。

問題解決における「問題点」を発見するには、「定義した、売上問題、＋５億円の獲得」ということで言えば、「どこで５億円をつくるか」という観点でブレイクダウンしたものになります。

やみくもに「みんな頑張れ！」とゲキを飛ばしたところで、数字は一向に上がりません。数字を上げるためにはどこで数字をつくるのか、その具体的な箇所を明確にしないといけないのです。

事例の品津の場合なら、例えば、
・どの顧客から売上を獲得するのか
・どの商品で売上を獲得するのか
・どの地域の売上を伸ばすのか
・どの営業が売上を伸ばすのか
等、さまざまな視点でのブレイクダウンが可能です。売上目標を達成する

ためには、どこか1つということではなく、複数の強化ポイントが挙げられるはずです。その前提として、「どこで5億円を獲得できる可能性が高いのか」について整理したいところです。

問題点の発見が必要な理由

　物が壊れた等のケースでは、「問題点の発見」は不要であることが多いです。なぜなら、壊れた箇所が一目瞭然で問題点になるからです。

　ところが、ビジネスの問題を解決しようとする場合、問題点が明確にならないケースが多々あります。次の事例を考えてみましょう。

事例　この従業員満足度の問題点はどこにある？

　ある年、レイコロ社は従業員のモチベーションが下がり、退職が続いていることから、従業員満足度向上を目指して、人事部主導で従業員満足度調査を行ったところ、次のような結果になった。

自社従業員満足度平均：4.0
業界平均：3.8

〈部ごとの平均〉

営業部	管理部	業務部	製造1部	製造2部	平均
3.9	3.8	3.6	4.3	4.2	4.0

〈年代ごとの平均〉

50歳以上	40歳代	30歳代	20歳代	平均
4.3	4.0	3.7	3.9	4.0

　あなたが人事担当者だった場合、この結果をみてどのようなアク

56

ションを取るべきだろう？

上記の例を示すと多くの人が、「業務部の30代にヒアリングして不満要因を明らかにします」と答えます。部ごとにみると業務部が最も低く、年代ごとにみると30歳代が最も低いからです。

ヒアリングは、原因を把握するうえできわめて重要な手段の1つですが、とても手間がかかります。従業員が10人くらいの会社であれば全員にヒアリングしてもたかが知れていますが、1万人の会社だと全社員へのヒアリングを実施するだけで1年かかってしまうでしょうから、効率よく実施したいところです。では、上記のデータをもう少しブレイクダウンして、下図の結果となったとしたらどうでしょう？

事例 従業員満足度調査の詳細結果

〈部ごと×年代ごとの平均〉

年代	営業部	管理部	業務部	製造1部	製造2部	平均
50歳代	4.8	4.5	3.8	4.4	4.0	4.3
40歳代	4.6	4.0	3.6	4.0	3.9	4.0
30歳代	4.0	3.5	3.6	4.1	4.1	3.7
20歳代	2.1	3.3	3.5	4.6	4.8	3.9
平均	3.9	3.8	3.6	4.3	4.2	4.0

平均値だけを見せることでわざと誤認させるようなデータを抽出した例ですが、上記の状況で業務部30歳代にヒアリングに行くと、何らかの不満は把握できます。人事部として最大限できることを考えて、その結果正しい対策を取ったとしたら、おそらく、業務部30歳代の満足度は上がり、

退職率も下がるでしょう。それでも、営業部 20 歳代の若手が継続して退職してしまうことは防げないのではないでしょうか。

　会社に対する不満、仕事に対する不満は人によって異なります。満足度の高い営業部の 50 歳代や製造部の 20 歳代も「何か不満を言ってほしい」と言われたらさまざまな不満を話してきます。それでも、それらの不満は上記のレイコロ社の状況では対処優先度は低いはずです。

　原因分析は手間がかかる一方で、聞いた情報はそれだけインパクトが強く、問題解決担当者にとって優先度が上がりやすい情報でもあります。よって、優先度の低い問題点に対して原因分析を行うと、その結果として、優先度の低い打ち手につながりやすくなってしまいます。これはすなわち、「原因分析の無駄打ち」にもなりかねません。

　前述したとおり、ビジネスの問題解決において、問題点はいろいろなところに存在しています。したがって、その原因を掘り下げる前に、着手する優先順位付けをしなくてはなりません。それが問題点の発見、というステップです。

第 3 章　問題点を見つけ出す　問題解決のプロセス **Step ❷** 問題点の発見

❷ 問題点発見のための ブレイクダウン手法

問題点の発見は二段階で考える

　問題点の発見では、大きく全体をみてからブレイクダウンすることと、そのうえでボトルネックを探す、という二段階で考えるとうまくいくことが多いです。

　ブレイクダウンするというのは、「問題」を要素分解していくことです。例えば、「売上問題」の場合、売上を客数と客単価に分けたうえで、客数を増やす必要があるのか、客単価を上げる必要があるのかを考える、というようなものです。あるいは、「粗利問題」の場合、粗利を売上と原価に分けたうえで売上の向上と原価の低減を考えるという視点もあるでしょう。

　ブレイクダウンにはさまざまな視点があります。ここでは、「顧客別」「商品別」「時系列」「担当別」という４つの視点から、営業の売上問題におけるブレイクダウンの考え方をご紹介します。また、２軸を用いたマトリクスによる分類についてもご説明します。

　ブレイクダウンができたら、そこからさらにボトルネックを探すと、より問題点が掘り下げられます。顧客の購買側のボトルネックもあれば、営業活動のボトルネックも存在するので、いずれの視点でも分析したいところです。

59

ブレイクダウンにはロジックツリーを使う

　問題点の発見にはブレイクダウンが欠かせません。ブレイクダウンにはいくつかの手法がありますが、論理的に考える1つの手法として覚えておいてほしいのが「ロジックツリー」です。

　ロジックツリーは、対象を要素ごとに分解し、網羅的に考えるためのツールです。

図1 ロジックツリーのイメージ

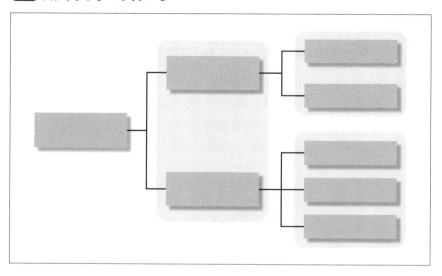

　ロジックツリーのよいところは、大きな概念を少しずつ分けられることにあり、その結果として、「考えやすい」ことと、「見たときに位置関係がわかりやすい」という特徴があります。

　ロジックツリーを書く際にはMECE（ミーシー）に分けていくことが必

要です。

MECEとは、Mutually Exclusive & Collectively Exhaustive、すなわち「ヌケモレがなく、かつダブりもなく全体を表現できている状態」という意味で、一般的には「ミーシー」と呼びます。

この概念は、コンサルティング会社マッキンゼー・アンド・カンパニーのバーバラ・ミント氏によって開発されたものです。

問題点の発見では、抜け漏れなくダブりなく、問題点を明らかにしたいわけです。例えば、前述の従業員満足度調査において、「不満に感じている従業員を抜け漏れなくダブりなく探す」ことはきわめて重要です。もし、抜け漏れが出てしまうと、重要な不満が探せないことになります。

例えば、新入社員は配属後であっても１年間は人事部付にしておくケースがあります。その場合、営業部に配属予定の新人が不満に思っていても調査から漏れてしまう、というケースがありえそうです。そうなると対処ができず、新入社員が不満で辞めてしまうおそれが出てきます。

また、逆にダブりが出てしまうケースとは、上記の調査を営業部でも人事部でもカウントしてしまうことです。その結果、新入社員分が二重に平均値に入り、正しい分析ではなくなってしまいます。

ブレイクダウンは顧客別に行う

ブレイクダウンは、「顧客別」に分類するのが一般的です。営業が目標達成するうえでは顧客による購入が欠かせないので、まず初めに考えたい視点でしょう。

では、次ページのデータを考えてみましょう。

事例 顧客別データの分析

品津は、自分の担当エリアの顧客データを分析してみた。
問題点はどこだろう？

〈東日本エリアの顧客別データ〉

顧客カテゴリ	半期売上 [百万円]	昨年度売上 [百万円]	前年比
食品スーパー（弁当・惣菜を除く）	1,240	2,590	48%
ドラッグストア／ディスカウントストア	240	471	51%
食品スーパー向け弁当・惣菜	118	235	50%
大手外食チェーン	17	37	46%
その他業務用顧客	688	1,375	50%

注）進捗率：昨年度売上に対する今年度の売上%

これをロジックツリーで示すと図2のとおりになるでしょう。数字の部分をグラフにしてわかりやすくしたのが図3です。ただし、グラフが見や

図2 東日本エリアの売上の顧客別ロジックツリー

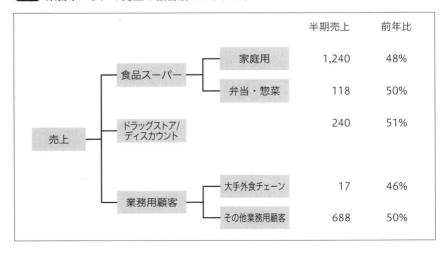

62

図3 売上の顧客別ロジックツリーと売上グラフ

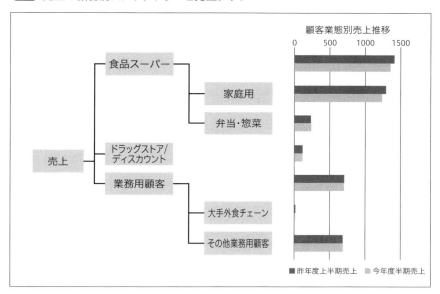

すいように昨年度上を昨年度上半期売上に差し換えています。

　図3から、食品スーパーの特に家庭用の売上が落ち込んでいるのがわかります。比率で言えば、大手外食チェーンも落ち込んでいるのですが、売上額そのものが小さく、いったん保留しておいてもよいでしょう。

　食品スーパーの落ち込みをさらに確認するためには、どのようにブレイクダウンしていくべきでしょう？

　この時点で「具体的な企業名」や「店舗名」を挙げて分析する方法もあります。一方、データが複数ある場合にはマーケティングにおけるセグメンテーションの手法も利用できます。

　セグメンテーションとは、顧客のニーズごとに顧客をセグメント分類す

る手法で、同じようなニーズを持った顧客は同じような購買傾向を持ち、同じような施策で売りやすいのでターゲット顧客を決めるうえで重要な分類になります。

　例えば、食品スーパーの場合だと、図4のようなセグメンテーション等が考えられます。

図4　食品スーパーのセグメンテーションの例

セグメント	特　　　徴
高級スーパー	高単価商品を豊富にそろえ、商品ラインナップを差別性とするスーパー
一般スーパー （ミドルレンジ）	一般的な食品スーパーで、特売品などで顧客を呼び、高利益商品もセットで購入していただくことにより儲けようとするスーパー
低価格スーパー	EveryDay Low Price、基本的に特売を行わず、常にあらゆる商品を低価格にラインナップすることで消費者の支持を獲得しようとするスーパー

　店舗ごとにみる場合には「駅前立地型」と「郊外型」等、立地条件によりセグメント分けされるケースもあります。

　これらの先には最終ユーザである生活者が存在しており、どのような生活者を主たる顧客層にしているかによって分類されるケースが多くあります。

　他にも、製造業を顧客とする場合には、高付加価値・差別化型のメーカーと低コスト型のメーカーでは持っているニーズが異なるので、そこに注目するケースもあります。

ブレイクダウンは商品別に行う

　商品別のブレイクダウンもよく採られる分析手法です。品津が担当する東日本エリアのデータを分析したところ、次ページの表のようになりました。問題点はどこにあるでしょう？

事例 商品別データの分析

品津が担当する東日本エリアの商品別データは下表のとおり。
問題点はどこだろう？

〈東日本エリアの商品別データ〉

商品カテゴリ	半期売上 [百万円]	昨年度売上 [百万円]	前年比
ポテトコロッケ	541	1,036	52%
牛肉コロッケ	242	471	51%
カレーコロッケ	23	0	
カニクリームコロッケ	115	235	49%
ミニコロッケ	299	612	49%
メンチカツ	92	188	49%
とんかつ	207	471	44%
チキンカツ	115	235	49%
エビフライ	92	188	49%
アジフライ	69	141	49%
イカフライ	46	94	49%
鶏のから揚げ	184	377	49%
チキンナゲット	92	188	49%
ポテトフライ	138	283	49%
その他	46	94	49%

注）前年比：昨年度売上に対する今年度の売上％

上表をロジックツリーで示したのが、次ページの図5、図6です。図6
では、昨年度売上を昨年度上半期売上に差し換えています。

図5 商品別ロジックツリー（東日本エリア）

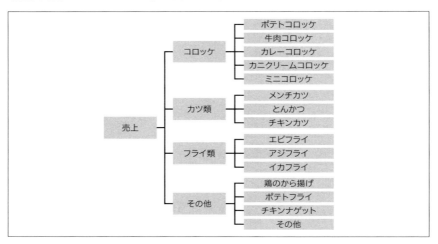

図6 商品カテゴリ別ロジックツリーと売上推移（東日本エリア）

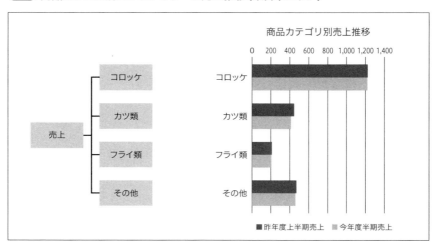

　図6の売上推移は商品カテゴリ別にみたものです。いったん、大きなくくりでグラフ化すると全体構造がわかりやすいです。

66

図7 重要商品分類における商品別ロジックツリーと売上推移（東日本エリア）

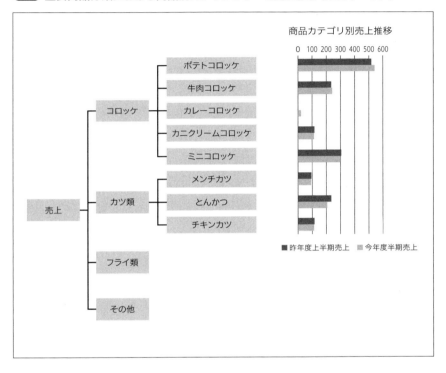

　まず、全体構造として、図6からコロッケカテゴリの売上が全社の約半分を占めていることがわかります。なかでも主力であるポテトコロッケが大きな比重を占め、昨年度対比でも売上が伸びている一方、他のカテゴリが全般的に下がっています。特に、カツ類、なかでも、とんかつの下げ具合が大きいことがわかります。

　商品分類によるブレイクダウンは、営業にとっては「どの商品を提案していくか」を考えるうえで比較的アクションにつながりやすい分析手法で

す。それゆえに、問題点よりも「打ち手」のほうに目が行きがちなのですが、まずは冷静かつ客観的に、どこに伸びしろがありそうかを判断したいところです。

　また、商品分類にはよくあるパターンですが、「その他」という項目が登場します。「その他」カテゴリは、なるべく比重を小さくするほうが無難です。「その他」は、「さまざまな小さな要素がたくさんあるので便宜上その他という名前を付けて管理する」ものです。したがって、この比重が大きい、例えば、売上全体の50％を占めるのであれば、明らかに分析が不十分なはずです。数％程度であれば大きな影響にはなりにくいので、なるべく比重を小さくするようにしましょう。

ブレイクダウンは時系列で行う

　時系列でのブレイクダウンも、問題点を把握しやすい分析の1つです。
　時系列での分析には、①前年比較によるトレンドの把握と②季節変動への対処の2つの観点があります。

①前年比較によるトレンドの把握

　2020年からの数年間は、どの業界でも新型コロナウイルスの影響が大きかったことでしょう。例えば、食品業界では2020 ～ 2021年は多くの人が外出を控えたうえに、国や自治体から飲食店の営業時間短縮要請が出たことから、結果的に外食産業の売上は激減し、その分、スーパーなどでの売上が大幅に伸長しました。2022年、2023年と新型コロナウイルスによる社会的な影響が減少していくと、徐々に外食産業の売上は拡大し、一般社団法人日本フードサービス協会の「日本フードサービス協会会員社

による 外食産業市場動向調査 令和4年（2022年）年間結果報告」によると、2022年の外食産業の市場規模は前年に対して113%となったようです。とはいえ、この数字はコロナ前の2019年に比べると半分以下とのことです。

このように大きなトレンドをつかむうえでは、時系列の分析は欠かせません。

②季節変動への対処

季節変動があるビジネスでは、1年間の動向をみるのもよいでしょう。

例えば、下のグラフはインフルエンザと新型コロナウイルス感染症の報告数推移です。

図8 インフルエンザとCovid-19の定点当たり報告数推移（2023-2024）

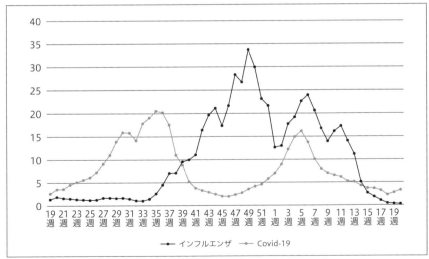

出所：疾病毎定点当たり報告数-速報値（国立感染症研究所）
（1週目が1月1日に当たり、グラフの起点となっている2023年19週目は5月7日から始まる週になります）

前ページのグラフから、インフルエンザは冬に感染が拡大しやすく、ピークは12月頃であること、一方、新型コロナウイルスは季節変動というよりも半年程度の周期性がありそうだ、ということがわかります。

　これらの時系列分析では、営業組織が比較的「月」の売上をみるのに対して、一般消費者を顧客とする店舗型ビジネスではよく「週」での分析を行います。法人の場合、月単位で請求書が発行されることが多いので、月々の分析がしやすいからです。
　一方、店舗型ビジネスの場合は毎日売上が立つため、1月と2月の売上の差が単純に「1月のほうが2月より3日多い」という理由で、売上差がかなり大きく出てしまいます。また、前年対比も曜日が異なれば売上が変わることは多々あります。それより週単位のほうが、同じ日数、同じ曜日、場合によっては祝日も同じになるため、前年対比の比較において安定的な分析がしやすくなる、ということですね。

ブレイクダウンは担当別に行う

　営業マネジャーとしては、営業担当者別の分析も重要です。品津のチームの担当者をみてみましょう。

事例　営業担当者別のブレイクダウン

　品津は、営業担当者別にも分析してみた。
　まず、東日本エリア担当の営業は全部で10人。基本的には1人1県だが、土井（秋田県と山形県担当）と藤田（山梨県と長野県担当）は2県にまたがって担当している。新人の陣内はまだ慣れないため、

ベテランの藤田をOJT担当としてつけ、いずれは独り立ちできるように進めている。とはいえ、広い甲信地方を藤田がカバーしていることになり、さらにはOJTもしているため、大変なのではないか、という不安がある。
　さて、問題点はどこだろう？

〈東日本エリアの営業担当者別データ〉

	営業歴	担当エリア	半期売上	昨年度売上	進捗率
秋山	24	青森県	159	321	50%
尾藤	23	岩手県	155	312	50%
千葉	19	宮城県	296	597	50%
土井	19	秋田県、山形県	260	524	50%
江口	17	福島県	236	476	50%
藤田	16	山梨県、長野県	235	473	50%
合田	6	栃木県	240	501	48%
橋本	5	群馬県	239	500	48%
伊藤	4	茨城県	354	740	48%
陣内	1	長野県（一部）	131	264	50%

　営業担当者が10人くらいであれば、ロジックツリーを書かずとも問題ありませんが、例えば、進捗率が高い人と低い人で分けてみましょう。

図9 営業担当者の進捗率で分けたロジックツリー

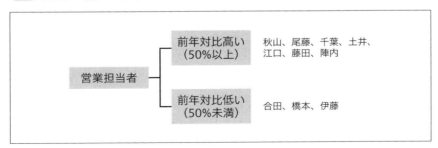

進捗率で分けると、若手の合田、橋本、伊藤の３人の進捗率が低いことがわかります。担当者別の分析は、進捗率以外でもそれぞれの活動量や提案品質等の確認などさまざまな視点で行うことができます。

　担当者別の分析を行うと、営業マネジャーとしては「できるメンバーとできないメンバー」という見方になりがちです。その結果として、「できないメンバー」のレッテルを貼ることになりかねないので注意が必要です。

　一般に、営業の成績を決めるのは、

・市場トレンド

・担当顧客における特性

・営業の能力

の３つの掛け合わせです。

　レイコロ社のように「担当エリア」で分けられる場合、進捗率が低いのは、営業の能力かもしれませんし、単に、そのエリアの顧客特性によるのかもしれません。同様に、顧客アカウント別に営業担当者を分けている場合、「有望な顧客を担当している」だけで、ある意味、誰がやっても伸びることはあり得ます。このあたりの見極めは、もう少し後、「原因分析」のパートで行いたいので、いまは、「どこが問題点なのか」の把握だけしておきましょう。

マトリクスだとより明確な問題点がみえてくる

　ここまで、１つの軸でロジックツリーを展開して分析しましたが、２つの軸を掛け合わせてみたほうがシャープな分析ができるケースが多々あります。いわゆる「マトリクス」型の分析ですね。

　営業拡大余地を測るうえで、単純に顧客分類や商品カテゴリだけでなく、競合シェアも掛け合わせてみるとどうなるでしょう？

図10 各社の家庭用商品におけるカテゴリごと売上

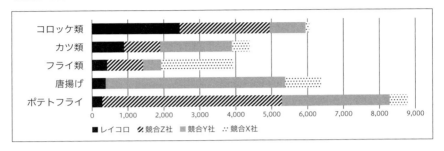

　例えば、上図のようなデータが出てきた場合、レイコロ社としては、「強みのあるコロッケ類を伸ばす」のか、「市場規模が大きい唐揚げ・ポテトフライを伸ばす」のか、さまざまな選択ができるでしょう。また、コロッケ類を伸ばすとしても大手競合のZ社のシェアを獲得するのか、レイコロ社より少しシェアが小さい競合Y社から奪いにいくのか、その選択肢が具体的に考えられるでしょう。

　このように、複数の軸を組み合わせてみていくと伸びしろは具体的にみえていきます。

第 3 章 問題点を見つけ出す　問題解決のプロセス Step ❷ 問題点の発見

3 売上の基本方程式を知る

　これまで、ある特定の分類でロジックツリーをつくる、という単純なパターンをみてきましたが、売上や粗利のような経営指標を確認する場合には、基本方程式を知っておくと、よりシャープな分析ができるケースが多々あります。

売上は「客数×客単価」でみる

　営業組織においてまず確認したいのは「客数×客単価」による分析です。
　営業チームや営業担当者によっては大手顧客1社だけを担当していることもありますが、その場合は、「客数」ではなく「案件数」「案件単価」とするとよいでしょう。

図11 客数×客単価のロジックツリー

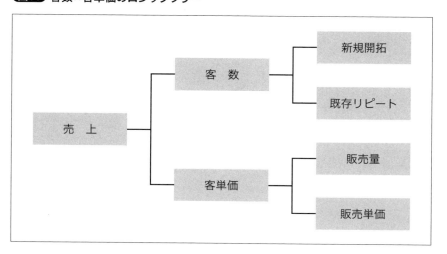

この視点からは、売上拡大の重要要素として必要なものは客数の増加なのか、あるいは客単価の増加なのかがわかってきます。

　客数を増やす場合には、大きく、

・新規顧客

・既存顧客

の2つの観点に分けて考えます。

　新規顧客を増やすにはそこからさらに質と量の観点、「リード数（見込み客）の増加」と「リードからの受注率の増加」の2つがありそうです。より詳細を分析するにはこの後のプロセス分析を参考にしてください。

　また、既存顧客の観点では、客数を増やすためには「リピート数の増加（またはリピート率の向上)」「休眠客の掘り起こし」が必要になります。

　一方、客単価増加にも大きく4つの視点があります。すなわち、「購入数増」「単純値上げ」「アップセル」「クロスセル」です。以下、順番にみていきましょう。

・購入数増

　購入数増は、レイコロ社のようなBtoBtoC型、BtoBtoB型等、顧客のその先に顧客（≒エンドユーザ）がいる業態においては狙えるチャンスが大きいでしょう。エンドユーザの市場を何らかの形で拡大できれば、その分だけ客単価増につながります。

・単純値上げ

　単純値上げは、営業が独自で行うのは難しいかもしれませんが、値引き額の改善はできる余地が大きいです。ここでは「売上」についての分析ですが、リベートの形で会計上の売上には含まれない「販売促進費」でやり

とりしているケースもあります。これらは何問題を取り扱うかによって、検討すべきケースとすべきでないケースがあるのでご注意ください。

・アップセル

　アップセルと次に説明するクロスセルは、いままで買ってもらっていなかったものを買ってもらう試みで、より営業の提案力が試される領域です。アップセルとは、いま買っていただいているものよりも高価値の高単価品を買ってもらうことです。

・クロスセル

　クロスセルとは、まだ買ってもらっていない商材を買ってもらうことです。例えば、レイコロ社のケースでは、コロッケを買っている顧客にエビフライも採用してもらうというようなものです。また、システム開発サービスを提供する会社だと、通常の開発費に追加して保守費をもらうようなケースも考えられるでしょう。

　「客数×客単価」の分析は、飲食店やサロン等の店舗型サービス、また、ECやSaaSのような会員型のサービスでよく使われます。それだけ指標として問題点が明確になりやすいということです。

　ところで、MECEの観点では、この客数×客単価について悩ましいケースがあります。例えば、「ある企業の担当者から、別部署の窓口担当者を紹介してもらった」というケースです。レイコロ社の例だと、「食品スーパーの冷凍食品バイヤーから、惣菜担当者を紹介してもらった」というケースです。顧客がメーカーの場合だと、複数の事業部、あるいは、複数

の製品ブランドを展開しており、担当となる窓口が異なります。

　この場合の分析は、「顧客」をどの単位でみるかによって変わってきます。したがって、新たな窓口担当者の紹介を受けた場合は、

・窓口担当者を顧客、とみる場合は、客数アップ

・企業を顧客、とみる場合は、客単価アップ

と考えるのが妥当です。

売上は「市場規模×シェア」でみる

　売上を上げる方法は、市場規模の拡大、もしくは市場シェアの拡大の大きく二択です。

　「市場規模×シェア」の分析は比較的、マーケティング組織で行われることが多いですが、大きな戦略を描くときには営業マネジャーも持っておいてほしい視点の１つです。

　市場規模の拡大は、ユーザ数の増加か、単価の増加、すなわち「客数×客単価」の視点で考えることになります。

　レイコロ社の品津のように、担当エリアのある営業マネジャーにとっては、ユーザ数の増加はほぼ与件のケースが多そうです。エリア型ビジネスでは市場の成長性は多くの場合、人口成長率に比例します。人口成長率は日本全体でみると減少傾向なので、基本的にはダウントレンド、ただし、一部の都市部のような人口流入地域はプラスになっている、というところでしょうか。

　一方、新規開拓型の営業マネジャーにとっては、伸びる市場を選択することによって市場規模の拡大を期待することが可能です。例えば、コンサルティング領域ではいま、「ITコンサル」の領域が拡大していますし、自動車領域では「電子化」が拡大しているので、新規開拓するうえでそれら

の領域を中心に伸ばしていく方向性が考えられるでしょう。

　また、市場シェアの拡大では「どの競合企業／商品からシェアを奪うか」が重要な視点です。まずは、自社製品の強み・ポジショニング上、勝てる領域に対して、勝てる競合からシェアを奪う、というのが基本になります。特に、営業の視点で考えると、「製品特性上、勝てるはずだが営業で売り負けている」というようなケースはてこ入れしておきたいところです。逆に、製品特性上、勝ちにくい領域や競合に対しては、守りに徹する（無理に攻めない）ことも必要になりますね。

　どう勝つかを考えるうえでは、前述した3C分析がベースになるので、改めて自社と競合の比較をしておいてください。

売上は「営業人数×1人当たり売上」でみる

　営業マネジャーにとって、営業リソースのコントロールはきわめて重要なテーマの1つです。その意味で、「営業人数×1人当たり売上」で売上をチェックするのも重要な視点でしょう。

　自分の担当領域において、「営業人数を増やせば売上は上がるのかどうか」を知っておくことはきわめて重要です。通常、顧客がたくさんいる（需要がたくさんある）領域では営業人数をとにかく増やす、というのは売上拡大につながる選択肢です。逆に、顧客の数が少ない、需要が少ない領域では人数を増やしても営業が暇になるだけなのであまり意味はないでしょう。

　もう1つは営業1人当たりの売上です。事業構造にもよるのですが、営業の人件費を年収ベース400万〜500万円程度で考えると、1人の粗利

額は最低 2000 万〜 3000 万円程度は確保しておきたいところです。そこから逆算すると、適正利益を出すための営業 1 人当たりの売上がある程度みえてくるはずです。営業 1 人当たりの売上は、自チームのパフォーマンスの高低を示す重要な指標の 1 つになるので、 1 人当たりの売上、すなわち営業パーソンの質をいかに上げていくか、ということも営業マネジャーにとっての重要な課題になります。

第 **3** 章　問題点を見つけ出す　問題解決のプロセス **Step ❷** 問題点の発見

4 問題点発見のための プロセス分析

問題点発見のためのプロセス分析

　さまざまなブレイクダウン手法を用いて、発生型問題の場合には「どこにトラブルがあるか」、設定型問題の場合には「どこに成長余地があるか」を明らかにします。

　そこからさらに踏み込んで、「ボトルネック」を探るアプローチをとりましょう。

　ボトルネックとは、飲み物が入っているガラス瓶の口に近い細くなっている部分を指す英単語で、「全体の流れにおいて効率を阻害する部分」という意味です。この「阻害する部分」を探すのがボトルネック探しです。例えば、急に車線が少なくなり、合流するための渋滞が起こるケースがあります。解決策としては車線を増やしたり、合流地点を複数にしたりするなどの方法がありますが、まずは「どこがボトルネックなのか」を知ることから始めます。

　営業活動においてボトルネックになる箇所はさまざまありますが、大きくは2つの流れを考える必要があります。すなわち、①お客様が購買するまでの流れと、②営業が受注を取り付けるまでの流れ、です。

　これらの流れを考えるうえで必要な考え方が「プロセス分析」です。プロセス分析とは、川上から川下までプロセスが流れていくうえで、どこに課題があるか、あるいはどの課題が大きいかを考えるための分析手法です。

80

「プロセス」というと小難しく感じてしまいますが、例えばこんな事例で考えてみましょう。

最近、在宅ワークをされている人も少なくないと思いますが、自宅から社内システムにつながらなければ、下図のどこかが切断されているはずです。

図12 自宅と社内システムのつながり方

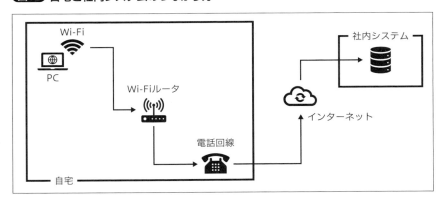

自宅と社内システムは、「PC」→「PCについているWi-Fiデバイス」→「自宅のWi-Fiルータ」→「電話回線」→「インターネット」→「社内システム」という流れでつながっていることでしょう。

このように「StartからGoalまでの流れを描く」のがプロセス分析です。この流れのなかから、「どこが悪いか」を考えていきます（ほとんどのケースでは自宅のPCトラブルか、Wi-Fiが「機内モード」になっているか、Wi-Fiルータの電源が抜けているか、といったあたりが要因と思います）。

第 **3** 章 問題点を見つけ出す │ 問題解決のプロセス **Step ❷** 問題点の発見

5 顧客の購買プロセスにおける ボトルネック分析

顧客の意思決定構造を理解する

　顧客が何かを購入する際は、さまざまな検討を経てようやく購入に至ります。言い換えれば、顧客が購入しないということは、その検討の流れのなかで自社製品を「いらない」と判断した、あるいは、検討を止めたということです。

　特に、法人向けのビジネスにおいては、その購入に誰が関わっているかを理解しておく必要があります。この意思決定構造のことを「DMU：Decision Making Unit」と呼び、それを一覧化した図を「DMUマップ」と呼びます。

　例えば、工場の製造装置を導入するケースで考えましょう。顧客であるメーカーでの検討は、一般的には生産技術部主導で行われます。次ページの図 13 をご覧ください。

　まず、生産技術部の担当者が自社の生産プロセス上の課題を確認し、「こういうものが必要である」と起案します。そして社内承認プロセスとしては、生産技術部の部長が承認します。

　製造装置を追加、交換する場合、実際に使うのは製造部の従業員です。したがって、生産技術部だけでなく、ユーザである製造部とも相談しながら検討を進めます。また、新製品の開発においては、開発部の担当者も「このような開発が可能か」が気になるはずです。さらには、情報システムとの連携においてシステム部門との調整も必要になるでしょう。

82

図13 製造装置のDMUマップ

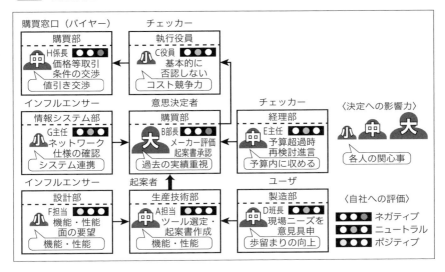

　これらの部門間の調整を経たうえで、生産技術部主導で承認を進めることになります。

　多くの場合、生産技術部長の承認が取れれば進める方向にはなりますが、会社として公式に進める場合には役員承認が必要になるでしょう。また、予算執行のために経理部門との調整も必要になるかもしれません。

　大きな会社の場合、生産技術部が検討、起案しますが、製造装置を購入する窓口は購買部門に移ります。購買部門では適正価格かどうかのチェックとともに売買契約等の契約行為も行うことになるでしょう。

　一般的には、このような流れで購買の意思決定がなされるので、営業としては顧客のDMUを理解しておく必要があります。

　DMUマップは、自社が取引している重要な顧客については記載してお

くことをお勧めします。

　その場合の書き方ですが、ベースになるのは顧客の組織図と営業からのヒアリングです。組織図は公開されているケースとされていないケースがありますが、ほとんどの企業が何らかの形で組織図をつくっているので、機会があればみせてもらいましょう。そして、詳細化する際には営業からのヒアリングをベースにして、次の事項を整理しておきます。
①誰が関わっているか
②意思決定にどのように関わるか
③意思決定への影響力
④興味関心事
⑤自社への評価

①誰が関わっているか
　誰が関わっているかは、企業によって微妙に異なりますが、同じ業界の同じ商材選定においては概ね関わる人は似たような立場の人になります。
　例えば、製造業の製造装置に関しては規模の大小などはありますが、概ね先に説明したとおりではないでしょうか。事例のレイコロ社が関わる食品であれば、スーパーの場合は本部商品部の冷凍食品バイヤーとその上司が検討と購買機能を持つ中心的な存在であり、店舗にも協力を仰ぐ場合はエリアのスーパーバイザーや店長、売り場担当者が関わるはずです。また、棚決め（スーパーのどの棚に何を陳列するか）という観点では、商社や卸の担当者が絡んだり、領域によってはシェアの高いリーダー的なメーカーがコントロールするケースもあります。
　製薬メーカーのMRや医療機器メーカーのSR等、病院の医師を顧客と

する営業の場合は、医師同士の関係性がどうなっているのかも確認したいですね。医局制度が崩壊したとは言われるものの、人間関係による影響はいまだにありそうですし、医療のような高度な専門知識を求められる業態では専門家から教えてもらうことは多々あるはずです。

　筆者はマーケティング領域でのコンサルティング支援をしており、クライアントが行う調査会社の選定や広告代理店の検討プロセスに大きく関わるケースもあります。すなわち、誰が関わっているか、という視点では顧客社内だけでなく、社外関与者も存在しうるということです。

②意思決定にどのように関わるか

　意思決定にどう関わるかについては、具体的には、下図のとおり5つのDMUタイプが存在します。

図14 DMUのタイプと役割

DMUタイプ	役　　　　　割
バイヤー	購買窓口 交渉、手続きなどを行う
ユーザ	購入商品の利用者 大きな企業になると、購入者と異なる場合も多い
インフルエンサー	購買プロセスに直接、間接的に影響を与える人
ディサイダー （意思決定権者）	仕様/選定の決定権者 通常決裁権限者だが、権限が非公式に委譲されている場合もある
チェッカー	案件を進めても問題ないかを確認する人（予算確認、リスク回避）

　先方の担当者が上図のDMUタイプの、どの位置付けに該当するかを確認しましょう。

　実際には、「この人はどう関わっているか」だけでなく、「ユーザは誰か」「他にインフルエンサーやチェッカーはいないか」という視点で確認することが多いでしょう。

③意思決定への影響力

　意思決定への影響力の大小としては、大、中、小の３つ程度でもよいと思いますが、案件のキーパーソンが誰かは押さえておきたいところです。

　一般に、役職上位者のほうが強い権限を持ちます。しかし、例えば、先ほどの製造装置の購入の例もそうですが、「現場で意思決定し、役職上位者は承認するだけ」というケースもあります。それでも、製造装置のようなビジネスに大きく影響を与えるものであればまだ関与度合も高いですが、例えば、「庶務が発注するボールペン１本」に口を出してくる役員はほぼいないでしょう。

　一般に顧客のビジネスにインパクトの大きい（金額が大きい、影響度が高い）ものについては、役職上位者の影響が大きく、インパクトが小さいものについては、現場の意思決定が優先されることが多いのではないでしょうか。

④興味関心事

　個々の役割や関わりがみえてきたら、それぞれの担当者が持っている興味関心事も同時に整理をしておきたいポイントです。

　生産技術部門の人は、自社の製造工程をよりよくし、品質や生産性の向上につなげたいという意識が強いので、機能や性能、あるいは実績などが気になるはずです。一方、購買部門は適正条件（できれば他社よりも有利な条件）で契約することがミッションなので、条件交渉、価格交渉が主要な関心事になります。

　営業マネジャーとしては「顧客の業界の一般的な構造」を整理するとともに、自分のチームが担当する重要顧客それぞれの担当者の関心事も押さえておきたいものです。

⑤自社への評価

　最後はきわめて営業上の確認ポイントになりますが、自分のチームが担当する重要顧客の各担当者が自社に対してポジティブな関係性を持っているかどうかの確認も行います。

　ポジティブな関係性とは、例えば、新しい案件や情報があればいち早く教えてくれる、提案となれば当社を推してくれる、等です。逆に、ネガティブな関係性とは、以前の商取引でよほどまずいことをしていない限り、多くの場合、「自社のことを嫌いではないが競合企業を推している」というケースです。ポジティブでもネガティブでもない人はニュートラルですから、よく赤黄青の信号マークをつけて表現をします。

　当社に対してネガティブな担当者にちょっと営業したらポジティブになった、というケースはあまりありません。したがって、営業活動としては、「ポジティブな人とどれだけ関係性を保っておけるか」「ニュートラルな人をどれだけポジティブに変えられるか」「ネガティブな人をどれだけニュートラルに近づけられるか」が基本になります。特に、意思決定に大きく関わる人はしっかりと押さえておきたいものです。

顧客の購買プロセスを考える

　DMUを整理したら、それも加味して顧客の購買プロセスを考えましょう。顧客の購買プロセスは、営業が関わる前から始まることがほとんどです。

　企業の情報システム部門が営業向けのITシステムを導入する際の購買プロセスをまとめると、例えば、次ページ図のようになるでしょう（これはあくまで1つの例なので、当然企業や製品、状況によってさまざまな形があります）。

　次ページ図の「検討プロセス」の各フェーズについて説明を加えます。

図15 顧客の購買検討プロセスの例

検討プロセス	主なDMU	顧客の行動	顧客の関心事
情報収集	情報システム部担当者	・IT系のメルマガをみている ・展示会（EXPO等）でめぼしいソリューションを探し説明を受ける ・インターネット検索し、興味のある製品のセミナーを受ける	・営業システムの課題は何か ・最近の営業システムの流行は何か ・競合大手のA社、B社はどんな営業をしているか
案件の定義	情報システム部担当者、営業部門、外部有識者（主に既存ITベンダー）	・利用部門の2、3人に現状をヒアリング ・付き合いのある業者の営業担当に概要を相談する ・案件内容をまとめ、週1回の定例会議で提案する	・利用者である営業部門は何に困っているか ・今年度の予算残額はいくらか ・実行した場合は何か月かかるか
候補業者選定	情報システム部担当者	・5社の営業担当を呼び提案可能か確認する（付き合いのある3社と新たに声をかける2社） ・確認したうち3社へ提案依頼書（RFP）を出す	・同様なシステムでの実績があるか ・迅速な営業対応をしてくれるか
提案の評価	情報システム部担当者、情報システム部長、営業企画部長	・3社に、1社1時間でプレゼンしてもらう ・提案が揃ったら比較表を作成する ・比較表作成後各社に価格交渉をする ・月1回の部門長定例会議で、評価会議を行う	・価格は予算内か ・導入した場合にどのくらい業務効率化できるか ・既存業務との相性はよいか ・導入後のサポートは安心できるか
社内稟議	情報システム部担当者、情報システム課長、情報システム部長、管理本部長	・稟議経路の確認 ・本部長以上に事前根回し ・稟議を通す	・今回の稟議の決裁者は誰か ・決裁者の関心事は何か ・選定したベンダーが最適であることを説明できるか

・情報収集

　この段階では、具体的な案件の検討ではないので、営業が関与する可能性は低いです。しかしながら、普段から顧客と頻繁に会話ができている営

業であれば、「最近こういうものが流行っています」「他社様ではこういうものを導入しています」という説明が、顧客にとって価値のある情報提供となり、自社にとっても得意な提案に持ち込みやすくなります。

・案件の定義

このフェーズでは、情報収集フェーズでは具体化していなかったものが、自社内での課題が明確になり、担当部署として取り組み方針を組み立て始めるタイミングとなります。この段階では顧客内ではまだ具体的な課題やソリューション方針が固まっていない状態からスタートし、徐々に課題の整理とソリューションの方向感を探りにゆくことになります。

・候補業者選定

情報システムの導入のような顧客企業にとってインパクトがあり金額も大きい商材では、「誰に提案してもらうのか」を検討するタイミングがあります。その場合は、RFP（Request For Proposal：提案依頼書）を作成し、各ベンダーに配布します。RFPが出てくるような商材においては、RFPができあがる前の段階で顧客と会話ができ、RFP作成にあたって自社に有利な情報提供ができればかなり有利です。さらには、RFPの開示前に自社を指名してもらうのがベストともいえましょう。

・提案の評価

RFPが開示されるといよいよ提案の評価フェーズです。顧客にとっては提案を受け、どこが自社に合うかを検討するタイミングになります。顧客にとって影響範囲の大きい商材ではDMUの範囲もきわめて広くなるため、営業としてはDMUマップ全体の意識をしておきたいところです。こ

こで、顧客は業者を1社に決定します。

・社内稟議

　1社に決定されてもうまく導入まで進められるかどうかは、そのあとの社内稟議フェーズによって決まります。RFPを開示し、1社に決まった段階で「やらない」という選択肢はほとんどありませんが、スタートが遅れることは十分に考えられます。顧客企業内ではさまざまな「社内調整」がこのタイミングから進められるからです。情報システムの導入となると、特に、いろいろな部署が関わるものほど、顧客企業内でプロジェクトが組まれ、設計の段階や導入の段階で関与部署のリソースを利用することにもなります。また、金額が大きいがゆえに、その企業の予算状況によって「今期はそこまでの予算を使えない」ということもあり得ます。

　営業としては、以上のような顧客の購買プロセスを理解したうえで、このプロセスを顧客がストレスを感じずに進められるように支援することも1つの役割です。言い換えれば、ボトルネックのないように進めたいわけです。

第 **3** 章　**問題点を見つけ出す** 問題解決のプロセス **Step ❷** 問題点の発見

6 営業プロセスにおける
ボトルネック分析

営業プロセスを考える

　営業担当者各人の課題や成長余地は一律ではありません。ここでもレイコロ社の品津の事例で考えてみましょう。

事例 メンバーの成長余地

　冷凍コロッケメーカー　レイコロ社の営業マネジャーである品津は、メンバーの営業状況をみて悩んでいた。

　10人の営業メンバーをみていると、営業歴によってできる、できないの差がありそうではあるものの、全体的に得意不得意のばらつきがある。直近でスーパーの棚を大幅に拡大してきたり、大手外食チェーンの新メニューへの材料供給を獲得してきたりすると、そのメンバーが「優秀」と考えてしまうが、おそらくどのメンバーもまだまだ成長余地があるはずだ。

　どうしても覚えることが多い若手に目が行ってしまうが、更なる成長余地がそれぞれにあるのではないか。どう考えればよいだろう？

　営業マネジャーにとって、メンバーの活動状況を把握することは、重要なマネジメント活動です。

　そして、そのメンバーが「できる」「できない」は印象論ではなく、事実に基づいて把握しておきたいものです。近年、営業のパフォーマンスがシステム導入などで測れるようになってきているので、それらに基づいて確認していきましょう。まず、自社の営業プロセスの基本的な流れを整理

91

します。

①ルート営業型の営業プロセス

例えば、レイコロ社では、事業として家庭用と業務用があります。家庭用はスーパーマーケットなどが顧客で、定期的に顧客を訪問しフォローするルート営業型のアプローチになります。業務用は例えば外食チェーンなどが「新製品検討」をしている場合に自社の材料を提案、導入してもらう、新規開拓型の営業アプローチになることも多いでしょう。

ルート営業型の業態においては、訪問する顧客が決まっているので、例えば次のような流れが想定されます。

図16 ルート営業型の場合の営業プロセスの例

プロセス	具 体 的 な 活 動
連絡	・ターゲットリストのチェック ・顧客との過去の接触状況の確認 ・訪問依頼（電話、メール、他）
訪問	・訪問、挨拶 ・状況ヒアリング ・自社商材の紹介 ・具体的な課題の把握
商談	・課題のヒアリング ・顧客課題の特定 ・ソリューション方針の立案 ・提案作成
施策実施	・提案説明（棚拡大・変更、販促、等） ・リアクション対応 ・取引条件交渉 ・顧客社内調整支援

ルート営業型の業態は、レイコロ社のような小売業向けの消費財を持つ食品・トイレタリーメーカーや卸の他に、医療機関向けの製薬・医療機器メーカー、地域の企業に対する金融機関（銀行、証券、保険）、JAや農業

法人を回る農業資材メーカーや商社等、さまざまです。定期的に消費するものやリピート性の高い商材の場合に多い営業形態です。ルート営業型での営業プロセスについて簡単に説明しておきましょう。

・連絡

　ルート営業では、基本的に「自分が担当する顧客」が決まっているので、その担当顧客を関係性が希薄にならないように定期的に訪問します。そのため、ターゲットリストをチェックし「今週どこを訪問すべきか」を確認します。ターゲットリストは、ABCランク設定します。例えば、「Aランクは毎週訪問、Bランクは２週に１回訪問、Cランクは月１回訪問」等と決められています（頻度は商材特性によって異なります）。ルールで定められた回数を訪問できるように自分の予定を調整します。

　また、連絡前に「過去の接触状況」を確認します。最近では、営業日報システムや顧客管理システムや、自分の手帳を確認します。電話の前に、「もらった宿題はないか」「過去どのような会話をしたか」をチェックして、顧客と何を話すかを決めます。

　そして、訪問依頼の連絡をします。以前は電話が多かったようですが、徐々にデジタルツール（電子メール等）の活用が増えてきています。どのツールを使うかは、基本は相手に合わせて選択するのが妥当です。

・訪問

　顧客と顔を合わせて会話をするだけでも関係性にはプラスになることが多く、まずは訪問・挨拶を行います。状況ヒアリングができるとさらによいでしょう。顧客が経営者や医師など忙しい人であれば、挨拶だけでゆっくり話せないケースも多々あります（例えば、製薬メーカーのMRが１訪問

で許される時間は多くの場合、数分程度です）。

　その短い時間のなかで現状や興味関心がわかるだけでも、次のきっかけにつなげやすいです。

　状況によっては、自社の新製品の紹介や、いままで紹介していない商材の紹介まで踏み込みたいところです。

　そして、具体的な課題の把握、すなわち、顧客に何か困りごとがないか、提案機会がないかを見つけられるとベストです。ここで具体的な課題の把握ができると、次の提案機会を得ることができます。

　ルート営業の場合は、定期的に訪問して関係性をつくるだけでなく、新たに提案機会をもらうことでより大量の購入、アップセル、クロスセルの機会を狙います。

・商談

　ルート営業の商談には、例えば、レイコロ社の場合だと、「新しい販促の提案」や「季節ごとの新商品の提案」などがあります。食品や外食だと、春と秋の年2回、あるいは夏と冬を入れると年4回程度の新商品導入機会があります。提案機会を得たら具体的な商談として進めていきます。

　最初は課題のヒアリングとして、顧客のビジネス上の優先度、業務の現状、求めている製品や機能等を確認していきます。そのうえで顧客課題の特定、すなわち、さまざまな選択肢のなかから顧客が最も解決したい課題を明確にし、顧客との合意を取ります。

　そこからソリューション方針の立案を行い、最終的には担当営業中心に提案を作成していきます。

・施策実施

　提案ができたら顧客に内容を説明し、顧客のリアクションへの対応を行います。顧客が提案に納得したら具体的な取引条件の交渉に入ります。条件の合意ができたら、顧客が施策を導入する際の社内調整支援を行います。

②新規開拓型の営業プロセス

　新規開拓型の営業アプローチは、下図のような流れで進みます。

図17 　新規開拓型の営業プロセス（プッシュ型の例）

プロセス	具 体 的 な 活 動
リストアップ	・ターゲットリストの作成 ・連絡先の確認 ・ターゲット優先度の設定
連絡	・架電 ・担当者把握 ・担当者へ連絡 ・訪問依頼
訪問	・訪問、挨拶 ・状況ヒアリング ・自社商材の紹介 ・具体的な課題の把握
商談	・課題のヒアリング ・顧客課題の特定 ・ソリューション方針の立案 ・提案作成
契約	・提案プレゼンテーション ・リアクション対応 ・取引条件交渉 ・顧客の社内調整支援

　新規開拓型の営業は、新規に顧客を獲得する多くの企業がこれに該当します。新規開拓型営業のスタイルには、プッシュ型、すなわち、自ら架電や飛び込み営業などでアプローチをするパターンと、プル型、すなわち、

顧客からの問い合わせ（Web問い合わせ等）からスタートするパターンが
あります。

　ここでは、プッシュ型の営業のパターンで説明します。

・リストアップ

　プッシュ型の新規開拓型営業では、自らターゲットリストを作成すると
ころから始めます。ターゲットリストは、企業リストを販売している業者
から購入することも可能ですし、マーケティング部隊と共同して展示会な
どで獲得した名刺から営業を開始するケースもあります。

　リストを作成したら、連絡先を確認する必要があります。企業名がわか
ったとしても、連絡先の窓口がわからなければアプローチできません。担
当者の名刺がある場合は担当者に連絡しますが、担当者がわからなければ、
代表電話に連絡することもあるでしょう。

　同時に、リストの優先度を設定します。プッシュ型の新規開拓型営業の
場合、顧客に接触できる確率はもともと低いですが、それでも確度の高い
先と低い先が存在します。

・連絡

　ターゲットリストに載っている連絡先に順に連絡していきます。多くは
架電になりますが、最近減りつつある手法として飛び込み営業などもあり
ます。担当エリアにあるオフィスビルを1階から順に訪問していくような
手法で、金融系の企業（銀行や証券、保険）、人材紹介では以前はよくみら
れました。近年は、オフィスビルのセキュリティが厳しくなったことや、
在宅ワークが増えてオフィスにスタッフがいないことも増えたため、飛び
込み営業は減ってきているようです。一方、デジタル化時代を反映して、

Webサイトの代表メールアドレス宛のメール送付、問い合わせページからの連絡などが増えてきています。

　ここで顧客と接触できた場合、担当者を把握することになります。代表電話にかけると受付が出てくるので、そこから「受付突破」といわれる行動に入ります。顧客企業にとっていかに価値があり、担当者につないでいただくことが受付の担当者にとっても重要である、ということを理解してもらえるようなトークを展開することになります。

　担当者がわかった、あるいは担当者につないでもらえたら、さらに訪問機会をいただけるように話を展開します。新規開拓型営業にとって、訪問機会を得る、担当者と会えることが1つの中間ゴールになるでしょう。

・訪問

　担当者に訪問機会をいただいたら、挨拶、状況ヒアリング、自社商材の紹介と続けます。ルート営業と異なるのは、新規開拓型営業の場合、初めての顔合わせになるので、ここでいかに顧客と距離を縮めて信頼関係を獲得するかが重要になります。

　状況ヒアリングや自社商材の紹介から、顧客の興味関心事を探り、具体的な課題の把握、すなわち、「こういうことに困っているのでこういう情報がほしい」等の宿題をもらえると再訪問のチャンスにつながり、次のステップに進めます。

・商談

　提案機会をいただいたら、具体的な課題のヒアリングを行います。新規開拓型営業の場合、顧客の情報がかなり少ない状況からスタートするので、

第3章　▼　問題点を見つけ出す

このヒアリングがそのあとの提案の成否に大きく影響を与えます。オンリーワンの製品であれば、必要な機能やスペックの確認に終始すればよいことが多いですが、いまの時代、競合製品が存在しない、ということはほとんどありません。したがって、単なる機能やスペックの確認では不十分です。顧客のビジネス上の課題、業務上の現状実態を確認し、可能であれば営業担当者が知っている業務上のあるべき姿とのギャップを確認しておきたいです。

　そこから、顧客の課題の特定をしましょう。「たしかに、このことで困っていて提案を求めている」という言葉を引き出せればベストです。

　そのうえで、顧客に対するソリューション方針の立案を行います。自社が持っている商材特性によって、ソリューションは異なるはずです。コンサルティングやシステムインテグレーションの場合は、顧客の実態に合わせてフルカスタマイズしたソリューションの提案がしやすいと思います。一方で販売する製品が単一でカスタマイズ余地が少ない場合、ソリューションといっても結局のところ製品売りになってしまいがちですが、それでも他の製品やサービスと組み合わせて顧客の課題を解決する方針を組み立てたいところです。

　これらを合わせて、顧客に納得してもらえる提案を作成しましょう。

・契約

　提案ができたらプレゼンテーションを行います。そこから顧客のリアクションへの対応を行います。顧客が提案に納得したら具体的な取引条件の交渉に入ります。条件の合意ができたら、顧客が導入する際の社内調整支援を行います。

営業プロセスを指標化する

　営業マネジメントは事実を基に実施したいものです。最近では、活動量をデータ化することによって「事実に基づいた営業マネジメント」が行いやすくなっています。

　営業プロセスを具体的にする理由は、営業活動を細分化し、それぞれの活動状況を記録することで改善箇所を発見するためです。

　新規開拓型営業で説明すると、先ほどのリストアップ、連絡、訪問、商談、契約の各フェーズについて、日報システムや営業管理システム等で入力できるようにして活動数を記録します。

　SFA（Sales Force Automation）ツールを利用している場合には、顧客ごとにどのフェーズの活動をしたかを入力しておくことによって、案件管理と営業活動管理が同時に可能になります。

　例えば、これを月ごとにレポートすると次ページの図のようになります。

| 事例 | レイコロ社の新規開拓活動（秋山：4月-6月） |

〈秋山の新規開拓活動〉

	フェーズ1 ターゲットリスト	フェーズ2 連絡	フェーズ3 訪問	フェーズ4 商談	フェーズ5 契約
4月	25	20	5	2	1
5月	25	15	3	1	0
6月	25	20	4	1	1
合計	75	55	12	4	2

	連絡率	訪問率	商談獲得率	契約受注率
4月	80%	25%	40%	50%
5月	60%	20%	33%	0%
6月	80%	20%	25%	100%
4-6月平均	73%	22%	33%	50%

　営業活動には、量と質が存在します。

　量は、特に早いフェーズに影響を及ぼします。ターゲットリストより多くの連絡は難しいでしょうし、連絡よりも多くの訪問は難しいでしょう。

　契約数が少ない営業は、活動量そのものが足りていないことも多く、活動量の現状を把握するのにこのレポートが役に立ちます。

　もう1つの質は、次のフェーズに進む率から考えるとよいでしょう。

　このように営業プロセスを指標化することで、個々の営業のパフォーマンスを確認することができます。

営業のためのさまざまな指標

　営業活動でよく使われる指標をいくつか紹介しておきます。指標そのも

のは前述のとおり、営業プロセスにあわせて設定すべきものではありますが、1つの参考としてご覧ください。

①訪問件数／Call per Day

活動量の基本となるのは顧客訪問件数です。1日当たりの訪問件数が1つの目安になることも多いです（外資のグローバルカンパニーでは、Call per Dayと表現されることもあります）。

営業スタイルや担当エリア、商材特性にもよりますが、一般的なルート営業だとCall per Dayの目標が5件／日で設定されるケースはよく聞きます。ただ、担当エリアが都市部の場合は次の顧客を訪問するのに5分というケースでも、北海道の農村地域、山間地域などを担当していると、移動時間だけで数時間というケースもあり達成が難しいこともあります。

営業は顧客を訪問することが1つの仕事のような側面もあるので、活動量を目安にするのはよい選択肢でしょう。

最近では、オンライン商談も訪問に入れるケースもありますし、電話やメールでのやりとりが多い業態では、訪問数ではなく連絡数（コンタクト数）を活動量に設定するケースもあります。

②受注率(成約率)

活動の質の基本となるのは受注率、あるいは成約率です。

受注率は一般に、

受注率＝受注数／商談数

で表されます。

受注率を上げようと思う場合は大きく2パターンで、

101

・受注数を増やす――受注できるように提案活動の質を上げる

・商談数を減らす――勝てる商談だけに注力する

となります。どちらも営業担当者自身では改善が難しく、マネジャーの関与が欠かせないでしょう。

③商談化率

　商談化率は、連絡や訪問から、具体的な商談に移る率のことを指します。

　既存の顧客を訪問する場合、単なる挨拶や世間話で終わるケース、納品作業に終始するケース等さまざまです。また、新規開拓の場合も、とりあえず会社紹介だけで終わるケースもあるでしょう。それらの連絡・訪問から、具体的に顧客から「この件について具体的に話したい」「提案してほしい」と言われる確率がどれくらいかを示します。

　商談化率は、

　商談化率＝商談開始数／訪問数

で測られます。訪問数は訪問した数そのものの場合と、訪問顧客数（延べ数ではなく）を設定する場合とがあります。組織内で共通の指標があればチェックしやすいので、定義を明確にしておきましょう。

　商談化率の向上は受注率の向上と同様に、

・商談開始数を増やす――訪問時に顧客に検討してもらえるように活動品
　質を上げる

・訪問数を減らす――確度の高い顧客だけを訪問する

の２つのアプローチがあります。どちらも営業マネジャーの関与が欠かせませんが、特に、訪問数を減らすというアプローチは、営業効率が上がる可能性はあるものの、既存顧客のフォローがいい加減になる可能性も高く

注意が必要でしょう。

④ターゲットカバー率

ターゲット顧客をどの程度訪問しているかを表す指標です。ABCラン
ク設定をしている場合、例えば、

・Aランク──月に4回訪問（週に1回程度）

・Bランク──月に2回訪問（2週に1回程度）

・Cランク──月に1回訪問

等のルールを設定することが多くあります。この訪問回数ルールを達成で
きた顧客が何％かを確認するのがターゲットカバー率です。

　例えば、下図のような形で確認します。

事例　ターゲットカバー率（尾藤、千葉：6月）

〈尾藤のターゲットカバー率〉

	顧客数	訪問達成顧客数	達成率
Aランク	5	5	100%
Bランク	10	9	90%
Cランク	20	14	70%
合計	35	28	80%

〈千葉のターゲットカバー率〉

	顧客数	訪問達成顧客数	達成率
Aランク	6	4	67%
Bランク	8	7	88%
Cランク	20	20	100%
合計	34	31	91%

103

前ページの図のような状況だと、尾藤は合計カバー率80％と少し低めですが、Aランクは確実にカバーしています。したがって、活動量が足りておらず、なかでも重点顧客以外（特にCランク）へのフォローが少ないことがみてとれます。

　逆に、千葉は合計カバー率が9割を超えているものの、Aランクのカバーが弱く、重要顧客からの売上を落とす可能性がありそうです。

　本来、ターゲットカバー率は100％であるべきなので、どちらの担当者も危険ゾーンにあるわけです。営業マネジャーとしては「とにかく顧客を訪問しろ」と言うのではなく、尾藤には「活動量を増やしてCランクのフォローを」、千葉には「とにかくAランクのフォローを」と指導するのが妥当でしょう。

⑤リードタイム

　リードタイムは、商談を開始してからクロージングするまでの期間を測る指標です。

　リードタイム（日数）＝商談決定日－商談開始日

　提案型の営業の場合によくみられる指標の1つで、リードタイムが標準より長い場合、営業担当者の反応が遅れている可能性があります。商談リードタイムは製品や金額によって大きく変わり、ボールペンを1本購入するような影響の低い安価なものではリードタイムはきわめて短いのに対して、製造設備の入れ替えや基幹システムの刷新など、影響も金額も大きいものは、1年以上の検討期間がかかるケースもあります。

　これらの標準的なリードタイムも加味して、決定までの期間が著しく長

いものについては、担当者の対応が遅れているのか、顧客の検討が進んでいないのか、営業プロセス、または、顧客の購買プロセスのボトルネックを確認しておきたいところです。

⑥有効案件数

　有効案件数は、営業がどの程度受注に至る案件を持っているか、その数を測るものです。

　リードタイムの長いビジネスでは、先の売上を獲得するためにある程度の案件を持っておく必要があります。例えば、リードタイムが半年のビジネスの場合、3か月後の売上数は現在持っている有効案件数以上にはならないでしょう。

　これらの有効案件数は「パイプライン」と呼ぶこともあり、先々の売上の予測に大きく影響する指標です。

　もし、有効案件数から考えて、先々の見込み売上額が少ないようであれば、早めに有効案件を掘り起こす活動をする必要があるので、それに気づくという意味で重要な指標です。

　では、次ページにレイコロ社の事例を掲載したので、改めて営業各人のパフォーマンスをチェックしてみましょう。

| 事例 | メンバーのパフォーマンス |

品津のチームメンバーのある四半期のパフォーマンスを整理してみると下表のとおりだった。

	訪問件数/日	成約率	商談化率	ターゲットカバー率
秋山	1.22	58%	40%	95%
尾藤	1.08	59%	40%	80%
千葉	1.22	58%	38%	91%
土井	1.28	53%	37%	100%
江口	1.33	60%	36%	100%
藤田	1.17	53%	38%	85%
合田	1.33	54%	44%	100%
橋本	1.17	53%	33%	82%
伊藤	1.42	53%	29%	100%
陣内	1.17	53%	34%	85%

この表から何が読み取れて、今後はどういう指導をすればよいだろう?

　この事例では、訪問件数が多いほうが概してターゲットカバー率は高いことがわかります。言い換えれば、訪問件数が少ない尾藤、藤田、橋本、陣内は行動量を増やす必要がありそうです。

　一方、成約率や商談化率は人によってばらつきがあり、商談化率や成約率が低い藤田、橋本、伊藤、陣内は営業の質を向上させる必要があるでしょう。

第 **3** 章　**問題点を見つけ出す** 問題解決のプロセス **Step ❷** 問題点の発見

7 顧客の課題を探る

課題分析とソリューションの提案

　個別の顧客の課題についての考え方を、レイコロ社の品津の事例で考えます。

事例 〉 新規開拓の視点

　品津のチームメンバーの千葉が、大手居酒屋チェーン「酒鳥」に営業を行うことになった。関東広域に100店以上を展開している同チェーンと取引できれば、かなりの売上が期待できる。

　当然、競合他社の営業も狙っているようだが、どのように攻略するとよいのだろう？

　問題をブレイクダウンしていくと、特定アカウント、つまり個別の顧客企業に関する分析に入ることになります。法人向けの営業組織では特定顧客の分析が重要になるケースが多々あります。

　食品業界の場合は、例えば、大手コンビニエンスストアや全国チェーンの総合スーパー（GMS: General Merchandise Store）等を担当している場合、1人の営業が1社だけを担当するケースも存在します。また、システムインテグレーター等、1案件当たりの金額が大きい業態の場合、大手金融機関（メガバンク等）や中央官庁向けには、1つの課や1部門全体で1社を担当しているケースもあります。このように重要顧客を担当する場

合は特に、顧客の課題を分析し、その課題に対するソリューションの提案が求められます。

　顧客の課題を把握するうえでは、顧客ニーズの把握（顧客のビジネス上の課題）、ニーズの具体化（顧客の業務上の課題）、提案方針の整理（求めているウォンツ／ソリューションの理解）という３つのレイヤーでの整理を行います。

　レイコロ社が居酒屋チェーン「酒鳥」に購入してもらうためには、酒鳥社のニーズを理解して、そのニーズを満たす提案が他社より優れている必要があります。

　では、顧客のニーズはどのように整理すればよいでしょう？

①顧客のニーズは、顧客の要求とは異なる

　まず、「ニーズ」とは何でしょう？　マーケティング理論において、似たような言葉である「ニーズ」と「ウォンツ」は、以下のように定義されています。

・ニーズ——顧客が必要としている充足感が満たされていない状態
・ウォンツ——充足感を満たす具体的な手段

　もう少し具体例で説明しましょう。

　我々人間は、生きていくうえで水分が必要です。水分を摂らずにしばらくすると喉が渇いてくるでしょう。そして、ミネラルウォーターが欲しい、と思うかもしれません。このときのニーズとウォンツは、それぞれ以下のとおりです。

・ニーズ——喉が渇いた

・ウォンツ──ミネラルウォーターが欲しい

　では、法人顧客ではどうなるでしょうか。

　法人顧客を対象にするビジネスを拡大する場合には人員拡充が必要です。ところが人手不足ではビジネス拡大ができません。そうすると、「優秀な人材を紹介してほしい」と思うかもしれません。このとき、

・ニーズ──ビジネスを拡大したい

・ウォンツ──優秀な人材を紹介してほしい

となります。

　法人顧客の場合は特に、ニーズとウォンツの関係は目的と手段の関係ともいえるでしょう。

　営業担当者が顧客と会話していると、「値引きをしてほしい」「こういう条件で納入してほしい」「この機能をつけてほしい」等、さまざまな要求がきます。これらのほとんどはウォンツに過ぎず、その先にある「顧客がやりたいこと」「顧客のビジネス上の困りごと」がニーズであることが多く、それをつかむ必要があります。

②顧客のニーズは、顧客のビジネス分析から導き出す

　顧客が法人の場合、顧客のニーズは顧客のビジネス事情から出てきますから、顧客のビジネス分析が欠かせません。

　顧客のビジネス分析には、前述した3C分析やSWOT分析が活用できます。架空の居酒屋チェーン「酒鳥」の例でみてみましょう（時期は2024年頃と考えてください）。

図18 「酒鳥社」の3C分析

市場
・一般生活者は新型コロナウイルスの影響から解放され外食も増え、飲みに行くことも増えた ・行動習慣として、遅くまで飲むシーンが減り、ビジネスシーンでも一次会で終了することが多くなった ・大学生や20代社会人等、若年層はお酒を飲むシーンが減り、顧客層の平均年齢が上がりつつあり、その分、客単価も上昇傾向にある ・飲み会でも「健康」を意識する人が増えてきた
競合
・大手居酒屋チェーンも値上げしたことから、いままでのように「低価格で顧客獲得」するチェーンが減ってきている ・地場の焼き鳥屋が高品質な味で競合している ・スマートフォン等ネット環境の拡充により、顧客が「家で飲む」シーンが増え、コンビニ食や缶チューハイ等が競合視されている
自社
・おいしい日本酒、おいしい焼き鳥によって顧客からの高い評価を受けている ・材料費高騰により値上げをした影響で、利益率は上がるも顧客数が伸び悩んでいる ・昨今の人手不足の影響で十分な従業員が確保できておらず、現場が忙しくなっている ・鶏肉での健康メニューを持っている

酒鳥社のSWOT分析は、次ページの図19のとおりです。

図19 「酒鳥社」のSWOT分析

S: ・日本酒、焼き鳥の味の評価は高く、継続して「味」で選んでいただいている ・鶏肉での健康メニューを持っている	W: ・値上げにより顧客数が伸びていない ・人手不足により現場が疲弊している
O: ・顧客の平均年齢が上がりつつあり今後も客単価上昇が見込める ・飲み会でも「健康」を意識する人が増え、健康訴求に反応する可能性が高い	T: ・飲みに出る人の人数全体が少なくなり地場競合との競争が厳しくなる

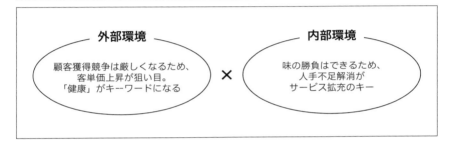

　3C分析で状況を把握し、そこからSWOT分析〜戦略目標を導出することによって、この環境下での顧客のニーズ、すなわちビジネスを成長させるうえでの課題を導き出すことができます。

③顧客ニーズの具体化には業務分析が欠かせない

　顧客のビジネス上の課題がわかったら、より具体的に顧客の業務分析を行っていきます。

　顧客のビジネス上の課題整理は、「顧客がそこに予算をつけられるか」という観点ではきわめて重要です。ビジネス上の課題、それを解決することで顧客が儲かるのであれば当然予算をつけるでしょうし、儲からないようなら予算はつきにくいはずです。

しかし、それがわかったところで、何を提案してよいかはみえにくいはずです。そのために具体的な顧客の業務分析、業務の把握をしていきます。

　レイコロ社の顧客候補の酒鳥社の場合は「人手不足」が課題でした。

　酒鳥社の人手不足を理解するためには、顧客の業務現場、本件で言えば、居酒屋の店舗状況を確認する必要があります。

　例えば、席数50席の居酒屋業態を考えると、満席状態の場合はホール3〜4人、調理スタッフも3〜4人程度が必要になるでしょう。人手不足の場合は、調理の手が足りなかったり、ホールの手が足りなかったりするわけです。

　冷凍食品のよいところは、調理工程の短縮ができることにあります。例えば、ポテトコロッケを全部自分でつくろうと思ったら、「じゃがいもを茹で、つぶし、炒めたひき肉や玉ねぎと混ぜ、形を整え、バッター液（小麦粉と卵と水を混ぜた液）に浸し、パン粉をつけ、油で揚げる」必要があります。これが冷凍食品であれば、油で揚げる最終工程は店舗で行ったとしてもかなりの工程短縮になります。また、人手で行うよりもメーカー品は安定した品質で出せるので味にばらつきがなくなるでしょう。

　ここでポイントになるのは、「これらの提案をすることが人手不足対策になるのか」です。

　前述した戦略目標は「人手不足だが健康訴求で客単価は上げたい」というものでした。とすると、例えば、サラダのような訴求のほうがやりやすいかもしれません。揚げ物は鶏の唐揚げでフライヤー（業務用の揚げ物専用機器）を利用しているでしょうから、コロッケも提案の余地があるものの、健康訴求という意味では「ポテトサラダ」のほうが適しています。お皿にカット野菜とポテトサラダを盛り付けるだけなら、ホールスタッフでも対

応できるでしょう。そうするといまの人員でたいした手間もかけずに「ポテトサラダ」というメニューを追加できる可能性が高いわけです。

このように顧客の具体的な業務を理解していく必要があります。そのためには可能であれば、顧客の現場を見学できることが理想でしょう。

商材特性次第では、現場をみなくても提案できるものはあります。しかし、製品・サービスの差別性が小さくなっている昨今、より現場にフィットしたものを提案するほうが望ましいケースが増えてきました。特に、人手不足解消や、現場の効率化など、人が関わるものに対する提案では、「どのような業務が行われているか」を見てくることが必須でしょう。

④提案方針の整理
最終的には提案方針を整理していきます。

例えば、「人手不足」という課題に対して、自動化や機械化、標準化による業務フローの改善、複雑な業務の簡素化（何かを止める）、アウトソース等、さまざまな方針があります。またアウトソースするにしても、一部なのか全部なのか、あるいは特定時間だけなのか等、さまざまなパターンが存在するでしょう。

レイコロ社のような場合も、ポテトサラダの味、サイズ、１回の納入量等の確認が必要になってきます。

これらの具体的な提案方針を決めることで、最終的な提案が決まっていきます。提案においては、顧客のDMUを把握しておくことも必要でしょう。誰のニーズに対して提案するかによって提案方針は変わります。その

113

ためにも「キーパーソン」をつかんでおきたいものです。

●コラム●……顧客分析するうえでよくある質問

筆者は、さまざまな業種業態の企業の営業の人々に、研修の形で顧客分析の指導をすることが多くあります。その際、前述した顧客分析手法を説明すると、以下のような質問をよく受けます。回答と合わせてご紹介しましょう。

Q：中央官庁や自治体など、公的機関向けの分析はどうするのか？

A：中央官庁や自治体等の公的機関の場合、3C分析やSWOT分析がとても難しいです。その理由は、市場や競合の概念がわかりにくいからです。無理やり適用すればできないことはないのですが、少し工夫が必要になります。

上記のやり方を踏襲しながら、考え方について解説します。

まず、公的機関だけでなく、あらゆる組織は、必ずその組織の存在目的があります。国の場合は、ざっくり言えば、国民の幸福の最大化になりますし、自治体の場合、例えば市の場合であれば、市民の幸福の最大化ということになるでしょう。筆者が属する会社がある東京都中央区を例にすると、

・市場——中央区民、あるいは、中央区にある法人、あるいは中央区に来訪する人の動向やニーズ

・競合——（なし）

・自社——東京都中央区の区長、区政、区役所等の方針やリソース

と考えて分析することをお勧めしています。

競合は近隣の自治体と置いて、「港区ではなく中央区で働いてほしい」

114

という分析もできなくはないのですが、ほとんどの自治体が周囲との競争を考えていないため、市場の諸要件とみておくほうが分析しやすいことが多いです。

　中央官庁でも同様で、たまに競合に諸外国の動きを設定するケースがありますが（もちろん、日本に攻めてくる国があるなら明確な競合ともいえますが）、いまの日本の状況からビジネス上の分析をするうえではあまり現実感がなく、市場の諸要件程度に考えておくのがよさそうです。

Q：事業が数多くある超大企業の場合、全社レベルで分析すべきなのか？

A：SWOT分析はかなり汎用的なフレームワークなので、超大企業の全社分析にも活用できますし、その企業の一事業の分析にも使えますし、その一商品の分析にも使えます。

　どのレベルで分析するかは分析者のさじ加減によるのですが、一営業マネジャーが超大企業の全社分析をする場面はあまり多くないでしょう。あくまでも自身が担当する商材を使う事業体の分析程度が妥当かと思います。

　例えば、中堅冷凍食品メーカーの一営業マネジャーが、大手流通企業であるセブン＆アイ・ホールディングスや、大手外食チェーンのゼンショーホールディングスの全社分析をしても、有益な結論は導き出しにくいでしょう。それよりも、「セブン-イレブンの東日本における惣菜を分析する」「牛丼チェーン＝すき家の新メニューの分析をする」というレベル感のほうが使い勝手がよいはずです。

115

第 3 章　問題点を見つけ出す　問題解決のプロセス **Step ❷** 問題点の発見

8 重要な問題点を絞り込もう

目標達成のための注力ポイントを決める

　問題をブレイクダウンすると複数の問題点が発見されます。特に、「前年対比 110％の売上目標達成（＋10％売上向上問題）」というような設定型問題は、さまざまな箇所でストレッチできる可能性があるため、どこに注力すべきなのか、そのフォーカスポイントを決めておく必要があります。

　例えば、家庭用と業務用であれば家庭用の成長余地のほうが大きい、とか、営業メンバーのなかでは若手の成長余地のほうが大きい、などです。

　目標達成のためにどこに注力するのか、この注力ポイントを決めることが「問題点を絞り込む」ということです。

　問題点の絞り込みを次の事例で考えてみましょう。

事例　営業活動の指標から改善点を探る

　営業活動の指標をチェックすると次のとおりだった。

・100 社に訪問依頼の電話をかけた
・うち、80 社に訪問ができた
・うち、20 社に提案機会をいただいた
・うち、4 社が条件交渉までこぎつけた
・うち、3 社を受注した

　さて、改善余地はどこにあるだろう？

おそらく多くの人が、引き算か割り算かを試みたことでしょう。

引き算をすると、一番多く落としているのは訪問から提案のフェーズです。したがって、「提案機会を増やす」ことが改善余地といえるでしょう。

一方、次のフェーズへ進む率を考えると、提案から条件交渉のフェーズで一番率を落としています。したがって、「条件交渉を増やす」ことが改善余地ともいえるでしょう。

図20 営業活動の指標を「見える化」してみる

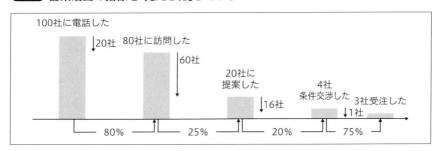

このように具体的な数値でチェックすると、どこに注力するべきかという問題点の絞り込みがしやすくなります。

では、目標を別に設定してみたら、結論は変わるでしょうか。

図21 前ページの事例に目標を設定すると…

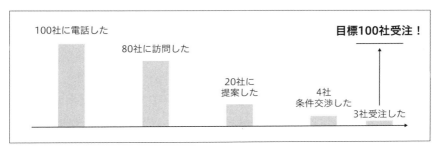

目標を「100 社受注」とすると、訪問依頼の電話数を 3000 社程度には
しないと難しいでしょう。5 社受注が目標であれば、前述のとおり改善余
地の大きい提案社数、あるいは条件交渉社数の改善が妥当です。次フェー
ズへの転換率が変わらなければ、提案社数を 20 社から 34 社へと 14 社
増やす、または、提案から条件交渉への転換率を 20％から 34％へと 14
ポイント増やすことで目標達成が可能になります。
　ところが、100 社受注だと転換率を多少上げたところで現実的にどう
しようもないのです。

「重要な点」を判断する

　問題点を絞り込むうえでは「重要な点」を抽出する必要があります。「重
要な点」は、目標達成に対するインパクトが大きい順に、次の 3 点で判断
するとよいでしょう。
①あるべき姿と対比して考える
②インパクトの大きいところから考える
③改善可能性を考える

①あるべき姿と対比して考える

　前述のとおり、目標が 100 社受注と 5 社受注では大きく意味合いが変
わります。5 社受注であれば各転換率の向上を目指すことで対応も可能で
す。一方で、目標が 100 社受注だと転換率の工夫だけではどうしようも
ありません。
　何が重要かという視点は、「問題」からスタートするとわかりやすいです。
　現状とあるべき姿のギャップがどの程度あるか、その大きさによって対
策は変わります。

②インパクトの大きいところから考える

あるべき姿とのギャップの大きさがわかったら、インパクトの大きさについて考えます。

インパクトの大きさは、「目的との関連性」と「ボリュームの大きさ」が影響します。

目的との関連性とは、例えば、「売上問題」で考えると、売上に直結している要素と直結していない要素が存在し、直結している要素のほうが影響度は大きい、ということです。売上に直結している要素とは、例えば客数や客単価がそれにあたるでしょう。客数が10％アップされれば、（単価が変わらない限り）売上も10％アップにつながります。逆に直結しない要素とは、例えば、品質を10％上げる等がそれにあたるでしょう。品質を10％上げても、それが売上アップにつながることが保証できなければインパクトは薄いと考えます。

そしてボリュームの大きさもポイントです。例えば、食品スーパーを攻略するとして、全国で何百店も展開している大手スーパーと、地元で1店持っているローカルスーパーではどちらのほうが重要でしょうか。単純に売上を上げるという観点では、店舗数が多いほうがそれだけ売上も増えるはずです。

全体のボリュームとしてどちらが大きいか、も重要度の大きな指標になります。

③改善可能性を考える

3つめは改善可能性です。「ストレッチ余地」と呼ぶケースもあります。

改善可能性には、「理論的な可能性」と「難易度」の2つの観点があります。次ページのケースを考えてみましょう。

| 事例 | 注力するポイントの判断 |

　　品津が担当するエリアの営業メンバーの土井は、外食チェーンの売上拡大を目指しており、有力な3つのチェーンのどこに注力すべきかを考えていた。

　　外食企業A社は店舗数10店だが10個のメニューすべてに当社品が使われており、A社の担当者からは「しばらく新製品の予定はなくもう導入余地はない」と言われている。
　　外食企業B社は店舗数5店だが、当社品の採用はまだない。当社品でも取り扱いがある食材を使っているメニューは10個あるが、B社は食材にこだわりがあり、すべての食材を手作りで提供するようにしている。
　　外食企業C社は店舗数こそ3店だが、当社品をこの前1つ採用いただいたところで、他にも当社品にスイッチする可能性のあるメニューがあと9個ある。

　　土井は、どの会社に注力するのがよいだろう？

　この事例では、単純な大きさで考えるとA社が店舗数も大きくインパクトは大きい、と考えられます。しかし、すべてのメニューに入り込んでおり、ストレッチ余地はありません。これが「理論的な可能性」がない（あるいは少ない）状態です。

　続いてB社が店舗数も比較的多く、未採用メニューも多いので理論的な可能性は大きいです。ただし、「手作り」を基本としているため、食材の外注化はしないことが想定されます。これが難易度が高い状態です。

　したがって、改善可能性が最も高いのはC社と考えるのが妥当でしょう。

事例 土井が担当する外食チェーンの売上拡大可能性

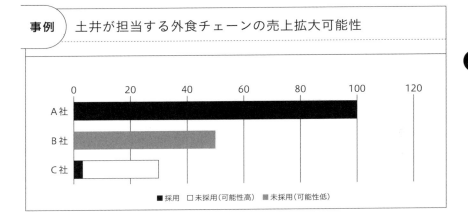

第 **3** 章　**問題点を見つけ出す**　問題解決のプロセス **Step ❷** 問題点の発見

9 絞り込み

重要な問題点は比較して絞り込む

　前項で絞り込みの考え方を説明しましたが、絞り込みを効率よく行うには「比較」が適切です。比較は、①あるべき姿との比較と、②項目間の比較の2つに大別できます。

①あるべき姿との比較

　問題解決は、現状とあるべき姿のギャップを埋める活動です。その意味で、「あるべき姿」との比較が問題点の絞り込みではきわめて重要な視点になります。一方で、問題をブレイクダウンしたときに、「あるべき姿」が要素分解されていないケースは多々あります。

事例　レイコロ社の売上目標

		目標	半期実績	前年比	昨年度実績
売上　現時点での実績から成長余地大きい		5,000	2,302	49%	4,708
食品スーパー		?	1,358	48%	2,825
	家庭用	?	1,240	48%	2,590
	弁当・惣菜	?	118	50%	235
ドラッグストア/ディスカウント		?	240	51%	471
業務用顧客		?	705	50%	1,413
	大手外食チェーン	?	17	46%	37
	その他業務用顧客	?	688	50%	1,375

［百万円］

122

事例のレイコロ社の場合は、「現状の成り行きだと売上45億円で、あるべき姿の売上50億円まであと5億円足りない問題」がありましたが、例えば、これを顧客業態ごとにブレイクダウンして問題点を考えてみましょう。

　目標の50億円は全体として設定されていますが、顧客ごとに目標設定がなされていない、ということは多くみられます。そこで、「あるべき姿の代替指標」が必要になります。
　よく使われる指標は、前年対比、他社（他者）対比、ポテンシャル対比の3つです。

・前年対比
　前年の数字は、ストレッチ余地を考えるうえでわかりやすい項目の1つです。測定している限り、データの粒度も同様に保有しているはずなので、分析しやすいでしょう。
　ただし、前年度の数字がイレギュラーな場合には参考にならないケースもあります。例えば、新型コロナウイルスの影響が出る前の2019年と影響が出た後の2020年ではまったく数字が異なります。このような大きな環境変化やさまざまな影響で、「その年だけ異常値」というケースだと参考になりにくいでしょう。

・他社（他者）対比
　他社比較もよく使われる指標の1つです。例えば、大学受験の模擬テストや資格試験のテストなどの結果をみると、問題ごとの「平均点」がついていることがよくあります。これは典型的な他者比較で、自分の点数と比

較して平均より劣っているのであれば、「他の人の平均値程度までは自分も改善できるだろう」と考えるものです。

ただし、ベンチマーク対象の選び方によって、効果的に使えたり使えなかったりするので注意が必要です。例えば、マラソン大会で自分のタイムの伸びしろを把握したければ、ベンチマーク対象はオリンピック出場選手ではなく、いつも一緒に走っている自分より早い仲間の平均値にするはずです。

・ポテンシャル対比

今後、どれくらい伸びしろがあるか、というのも１つの指標になります。売上分析の場合、ポテンシャルになるのは「市場規模」でしょう。

例えば、次のレイコロ社の場合はどのようになるでしょうか。

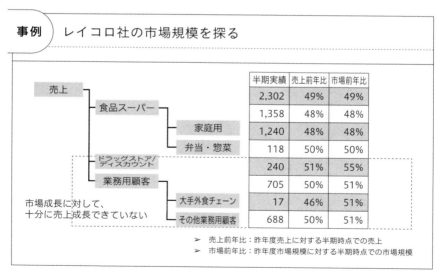

事例　レイコロ社の市場規模を探る

上図から、一見、好調そうな「ドラッグストア/ディスカウント」の領

域が、実はまだまだ市場ストレッチ余地が大きいことがわかります。また、業務用、特に大手外食チェーンの売上を落としていることもみてとれます。このように比較対象を明確にすることによって、今後の成長余地がより明確になります。

②項目間の比較

次に項目間の比較を行います。比較はできる限り同一条件で行いましょう。インパクトの大きさの比較や、「どのくらい改善余地が見込めるか」の視点で比較をすることが多いです。

③比較の視点にはグラフを使う

比較は、視覚に訴えることでよりわかりやすくなります。

その際に使えるツールが「グラフ化」で、棒グラフや100％棒グラフが比較的使いやすくてお勧めです。

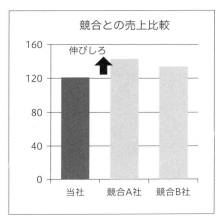

図22 棒グラフによる比較

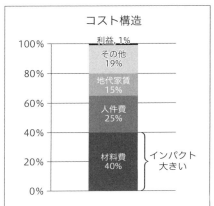

図23 100％棒グラフによる比較

第 3 章　問題点を見つけ出す　問題解決のプロセス **Step ❷** 問題点の発見

10 複数の問題点の提示

ビジネスでは問題点が複数ある

　本項まで、問題点をブレイクダウンし、ボトルネックを抽出し、絞り込むことによって問題点を発見、明確化するアプローチを説明してきました。

　「モノが壊れた」等の物理的なモノに対する発生型問題は、問題点が１つに絞られることがほとんどです。「自転車が動かなくなった（ので走らせたい）」というケースでは、例えば、自転車が動かないのはチェーンの絡まりが原因で、チェーンの一部が破損していた等、故障箇所を見つけることが問題点の発見になります（自転車屋さん等のプロでないと見つけられないこともあるので、簡単に見つかるわけではありませんが）。

　ところが、ビジネスでよく設定する問題（例えば、売上問題）では、複数の箇所を改善しなければ目標達成できないことが多々あります。

　例えば、ここまでの事例で登場しているレイコロ社の品津の場合は、目標を達成するためには、「家庭用（特にドラッグストア）の数字もアップし」「同時に業務用の数字も改善する」ことが求められるでしょう。何か１つだけやればよいケースは実務上ほとんどなく、何をどのような優先順位で取り組むか、が重要です。

　そのためにも問題点をリストアップし、「何がどれくらい改善できる可能性があるか」「優先度の高いものはどれか」を考えておきたいものです。

126

| 事例 | レイコロ社の問題点 |

品津は、目標達成に向けて３つの問題点に着目した。

１つめは、家庭用のなかでも売上の大きい「食品スーパー」市場である。ここは、市場と同様の推移ながらも各人の努力によってストレッチできる可能性があるのではと考えている。特に、新商品の伸びが重要になるだろう。

２つめは、家庭用のなかでも市場拡大している「ドラッグストア」市場である。昨今、ドラッグストアチェーン自体が食品の取り扱いを増やしており、それがきっかけで市場が伸びているものと思われる。

３つめは、業務用である。業務用は営業活動量が十分ではなく、活動量の拡大が重要だろう。

以上の３つについて優先順位を付けながら取り組んでいくことで目標達成できると考えた。

品津は、最終的に食品スーパー市場、ドラッグストア市場、業務用の３つを問題点として設定したようです。人によっては「業務用」のくくりは大きすぎる、というケースもありますが、品津の場合だと家庭用に比較すると売上規模が小さいので、これくらいの粒度でも問題ないでしょう。もちろん、もっとブレイクダウンしてシャープな問題点の絞り込みができるようでしたら素晴らしいですね。

このあと優先順位を付けることになりますが、この時点で「問題点はこの３つである」と言い切ることによって、このあとの原因分析をブレることなく進められます。

どこが問題点なのかを明確に提示することが、Step 2 のゴールになります。

第 **4** 章

原因を明らかにする

問題解決のプロセス Step 3
原因分析

第 **4** 章　原因を明らかにする　問題解決のプロセス **Step 3** 原因分析

1 原因を 明らかにする

原因を捉える

　前章最後に、レイコロ社の問題点がみえてきました。次は原因分析なの
ですが、ここでも品津は悩み始めてしまいます。その事例を一緒に考えて
みましょう。

事例　問題点の共有はできているはずなのに…

　品津は、「業務用の売上を向上させることでより売上拡大ができる
のでは」と考えた。そこで、営業会議でメンバーが集まった際に全
員の意識を高め、より業務用の売上が高まるようプレゼンテーショ
ンをした。

　「みんなも知っているとおり、当社では家庭用の売上が大きく、業
務用はまだまだ成長余地が大きい。業務用に力を入れることによっ
てもっとみんなの売上が上がり、結果的に目標達成できると思う。
そのためには、業務用のお客様の訪問をもっと増やし、関係性の強化、
ひいては新メニューの獲得を進めてほしい」

　事前に業務用向けの活動量が少ないことは分析できており、これ
を増やせば十分に売上拡大の可能性があることもわかっていた。そ
のためのプレゼンをしたのに、メンバーの顔色はどうにも優れない。

　営業会議後、しばらくして活動量をみたが、結果的にはいままで
とほとんど変わっていないようだった。プレゼンテーションでは納
得したようにみえたのになぜ活動量が変わらないのだろう？

130

営業マネジャーのなかには、期末が近くなってきても目標達成がみえず、徐々に焦ってくる人もいることでしょう。その結果として、営業マネジャーとして「売上を上げろ！」と大号令を出すケースもみられます。

　ところが、マネジャーがどれだけ「売上を上げろ！」と叫んでも、売上が劇的に上がることはほぼありません。売上はあくまでも結果であって、その売上につながる原因にメスを入れなければ改善されないからです。

図1 よい結果を出そうと思ったら対処すべきは原因

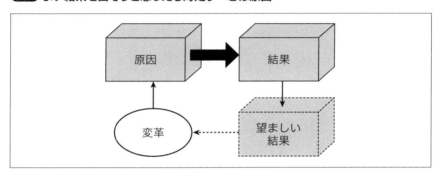

　例えば、10kg痩せたい、と思ったとしましょう。痩せよう痩せよう、と願っても痩せることはありません。これは問題が定義されているだけの状態ですね。

　では問題点を分解してみましょう。

　痩せるには摂取カロリーを減らすか、消費カロリーを増やすかどちらかでしょう。

　10kg痩せるためには、食事のカロリーをセーブしなければなりません。例えば、「毎日摂取する炭水化物を半分にする」等が必要でしょう。

では、食べる量を減らしましょう。

　……。

　さて、「食べる量を減らす」と決めたら、食べる量が減るでしょうか。
　これで減らせる人であれば、おそらくすでにダイエットに成功している
はずですが、多くの人はそんなに簡単にはいかないでしょう。ダイエット
を成功させるには「なぜ食べてしまうのか」を考える必要があります。
　もしかすると、普段からご飯をたくさん炊いてしまい「もったいない」
と食べてしまうのかもしれませんし、手の届くところにスナック菓子がた
くさんあるのかもしれません。はたまた、食事制限の仕方がわからず無理
な食事制限をしてリバウンドしてしまっているのかもしれません。
　これらの原因を分析して、対処すべき原因がみえて初めて次のステップ
に進むことができます。

　営業も同様です。「売上を上げろ」と怒鳴って上がるようなら怒鳴れば
よいのでしょうが（いまの時代はそれも難しいですが）、上げろと言うだけ
で上がる程度のことであるなら、もう売上は上がっているはずなのです。

　改めて、対処すべきは原因です。

原因を分析するために「なぜ」を5回繰り返そう

原因を明らかにするためにすべきことは、なぜを5回繰り返すことです。

トヨタ生産方式で有名になった「カイゼン」では、「なぜを5回繰り返せ」という言葉が有名です。いまでは、世界中でこの考え方が使われており、Five Whysともいわれます。

なぜを5回繰り返す必要があるのは、真の原因（＝真因）を導き出すためです。

製造業では、製品の故障や品質トラブルがあると生産ラインを見直すことが多々あります。トヨタ生産方式を生み出した大野耐一氏の著書『トヨタ生産方式』（ダイヤモンド社）では、次の例で説明されています。

たとえば、機械が動かなくなったと仮定しよう。

(1) 「なぜ機械は止まったか」

　　「オーバーロードがかかって、ヒューズが切れたからだ」

(2) 「なぜオーバーロードがかかったのか」

　　「軸受部の潤滑が十分でないからだ」

(3) 「なぜ十分に潤滑しないのか」

　　「潤滑ポンプが十分くみ上げていないからだ」

(4) 「なぜ十分くみ上げないのか」

　　「ポンプの軸が摩耗してガタガタになっているからだ」

(5) 「なぜ摩耗したのか」

　　「ストレーナー（濾過器）がついていないので、切粉が入った

からだ」

　以上、五回の「なぜ」を繰り返すことによって、ストレーナーを取りつけるという対策を発見できたのである。

　このように、なぜを5回繰り返すことでより本質的に対処すべきポイント、すなわち原因を見出すことができます。

　5回なぜを繰り返すと必ず真因にたどり着くのか、と問われると必ずしもそうでないケースもあります。2～3回繰り返すだけで本来対処すべき原因にたどり着くこともあれば、10回以上のなぜが必要なケースもあります。

　いずれのケースでも、「5回なぜを考える力があれば、10回でもできるし、2～3回で真因にたどり着くこともできるだろう、だから5回繰り返せと言われている」と筆者は解釈しています。

「なぜ」という問いは脳にストレスがかかります。例えば、次の「なぜ」を考えてみてください。

・なぜ先進国は欧州に多いのか
・空気はなぜ透明か
・フォークの歯はなぜ4本が主流なのか

　これらを考え始めると途中で面倒くさくなりませんか。

　なぜ先進国は欧州に多いのか、は『銃・病原菌・鉄』（ジャレド・ダイアモンド著、倉骨彰訳、草思社）を読むとわかりますし、空気はなぜ透明かは、『観想力―空気はなぜ透明か』（三谷宏治著、東洋経済新報社）に記

載があります。また、フォークの歯については、「フォークの歯はなぜ四本になったか」（ヘンリー・ペトロスキー著、忠平美幸訳、平凡社）に書いてありますので、興味がある人はそちらをご参照ください。

　脳はある意味で効率的にできており、考えなくてもよいことは考えないようにする、とも言われます。したがって、5回のなぜを考えるのはストレスがかかり、やめたくなってしまうのが普通です。

　しかし、「なぜ」と考えるのに慣れてくると、徐々に深く考えられるようになります。「なぜ」を繰り返すのは、筋トレと同様に脳のトレーニングですので、とにかく5回なぜを考えられるようになりましょう、という大野耐一氏のメッセージなのではないか、と筆者は考えています。

　ところで、「なぜ」と問われるとその原因が気になりませんか。

　人間の脳は、「なぜ」という問いを投げられると考えたくなる性質も持ち合わせています。したがって、同じなぜを5回繰り返すのでも、誰かに「なぜ」と聞いてもらうとより脳が機能しやすくなります。

　だから、営業マネジャーはメンバーに対して「なぜ」と確認したいのです。

マネジャーからメンバーへの「なぜ」

　営業マネジャーはメンバーに対して、「なぜ」という確認をしたい、と書きました。しかし、これには注意点があります。

　さて、クイズです。

　営業マネジャーが目標達成していないメンバーに対して、「なぜ売上が上がらないのか」と聞くとどういう回答が返ってくるでしょうか。

135

十中八九、「申し訳ございません」という謝罪の言葉が出てくるでしょう。それほどに、「なぜ」という言葉は詰問、問い詰める言葉のイメージが強いということです。普段、よほどいい関係がつくれている上司部下であれば心配しなくてもよいかもしれませんが、ほとんどの場合は「なぜ」というストレートな問いは謝罪の言葉を引き出す、あるいは言い訳を引き出すためのフレーズになってしまいます。

　これを防ぐためには、「私は原因が知りたいと思っているのですが、どういう可能性が考えられるでしょうか」や、「○○さんならもっとできると思うのに、うまくいかない原因は何かあるのでしょうか」というように、少しソフトな表現を採るとよいでしょう。

第4章 原因を明らかにする　問題解決のプロセス Step ❸ 原因分析

2 「なぜ」のパターン

　筆者が行う研修では、よく受講者同士ペアになって、お互いに「なぜ」と聞く練習をしていただきます。例えば、「あなたが使っているペンを出して、なぜそのペンを使っているのかをお互いに質問してください」等とナビゲーションします。
　そうすると、次のようなやりとりがみられることがあります。

A：「私は○○のボールペンを使っています」
B：「なぜあなたはそのボールペンを使っているのでしょうか？」
A：「このメーカーのボールペンは消せるからです」
B：「なぜそのメーカーのボールペンは消せるのでしょうか？」
A：「……」

　そのメーカーのボールペンが消せる理由は、メーカーの技術者でもない限り知り得ないことです。だから、Aは回答のしようがないのですが、まちがって上記のBのような質問をしがちです。その理由は、「なぜ」という質問がさまざまなことを問えるからにほかなりません。

　例えば、「このメーカーのペンが書きやすいからです」という回答に対して、
・「なぜそのメーカーのペンが書きやすいのでしょうか？」（技術的な理由の確認）
・「なぜそのメーカーのペンは書きやすいと感じるのですか？」（質問者の

感覚確認）

・「なぜ書きやすいペンを選んだのですか？」（質問者の選択理由）

という３つの質問は、すべて「なぜ」という問いで、流れとしては自然です。これらのどの質問を選ぶかは、質問者の意思にゆだねられています。言い換えれば、「正しいなぜ」を確認しなければ真の原因にたどり着かない、ということでもあります。

「なぜ」にはいくつかのパターンがある

「なぜ」には、①要素分解のなぜ、②上位目的確認のなぜ、③原因分析のなぜなどのパターンがあります。順番にチェックしてみましょう。

①要素分解のなぜ

「売上が上がっていないのはなぜか？」

→「新規顧客獲得が不十分だからだ」

これはなぜの１つの形ですが、原因の掘り下げというよりも要素分解になっています。問題解決プロセスで言えば、問題点の発見のフェーズで分析したいところです。

このような要素分解の回答が出た場合は、まだまだ問題点の発見フェーズの分析が甘いことが想定されます。ですから、問題点の発見フェーズに立ちもどり、さまざまなブレイクダウンを再度試みてください。

ブレイクダウンした結果として複数の問題点がみえたら、そこから再度原因分析のなぜなぜを試みてください。

138

②上位目的確認のなぜ

「なぜあなたはそのペンを使っているのでしょうか？」

という問いには、大きく2つの確認ができます。すなわち、上位目的の確認と原因の確認です。

上位目的の確認とは、この場合では「ペンを使っている目的を確認する」ことです。例えば、

・「なぜあなたはそのペンを使っているのでしょうか？」

   →なぜ メモを取りたいから

   →なぜ 講座の内容を理解したいから

   →なぜ 身につけるため

   →なぜ 仕事で使えるようにするため

   →なぜ 仕事で成果を出したいから

のように、ペンを使う、という手段に対して目的を確認するための「なぜ」です。

「上位目的確認のなぜ」は、人が判断する際の価値判断の分析に用いられます。ある行動や選択をどうして採ったのか、そしてその判断が最適かを問うものです。この「なぜ」に対する答えは人の感情や価値観、ビジョンなどから出てくることも多く、取りまとめると「上位目的確認」ということになります。

③原因分析のなぜ

「なぜそのペンが選ばれたのかを確認する」ために使われるものです。例えば、

・「なぜあなたはそのペンを使っているのでしょうか？」

→なぜ　　社に在庫していたものを取ったから

→なぜ在庫していた？　社で標準的に購入しているから

→なぜ標準的に購入している？　金額が一番安いから

→なぜ安い？　購入先のECで安く販売しているから

→なぜ安く販売している？　EC企業のプライベートブランドだから

等となるでしょう。

　原因分析は、いわば因果関係の確認が中心になります。次項以降で詳細に説明します。

第 4 章　原因を明らかにする　問題解決のプロセス Step ❸ 原因分析

3 因果関係の特定

原因と結果の関係性のことを因果関係と呼ぶ

　原因分析とは原因と結果の関係性、すなわち因果関係を探ることにあります。何らかの事象（結果）が起こるということは必ずそこには原因があります。この原因に対処することによってよい結果をもたらそう、というのが原因分析の目的です。

　原因分析を行うにはこの因果関係を探っていく必要があります。

因果関係と相関関係は異なる

　近年、企業内にさまざまなデータが集められるようになり、データ分析によって因果関係を導き出すシーンも増えてきています。データが多いことそのものはよいことなのですが、誤った分析を行ってしまうと意思決定もまちがえます。因果関係の分析にデータを使う場合、注意したいのは相関関係との誤認です。因果関係と相関関係は異なります。正確には「相関関係の一部が因果関係である」ということです。

　相関関係とは、ある要素が動いたらもう1つの要素も同時に動く関係にあるものです。例えば、売上と粗利は典型的に相関している例でしょう。売上が高ければ粗利額も高くなります。

　また、必ず相関する、というわけではありませんが、営業の顧客訪問量と契約受注率にも相関関係がみられることがあります。これは、優秀な営業であれば自分をコントロールできるため顧客訪問量が高く維持できるのと同時に、契約受注率も高くなる、というケースです。だからといって、

「顧客訪問量を増やせば契約受注率も上がるか」と言われると、提案の無駄打ちも増えるので、短期的な受注率は下がる傾向になるでしょう（長期的にみれば、活動量が多いほど経験を積めるので概して受注率も上がりますが）。

相関関係には、正の相関と負の相関があります。正の相関とは、ある指標が増えるともう１つも増える、というもので、前述した「売上が上がると粗利も上がる」は正の相関関係にあります。負の相関は、例えば、「価格を上げると販売量は下がる」ケースです。この価格と販売量の関係性を示したグラフを価格弾力カーブと呼び、多くの場合、価格を上げると販売量は下がり、逆に価格を下げると販売量が増えます。

余談ですが、この価格弾力カーブを分析すると、粗利最大化ができる価格がわかるので価格設定の１つの目安になります（これらの分析はマーケターが行っていることが多いでしょう）。

図2　価格弾力カーブ

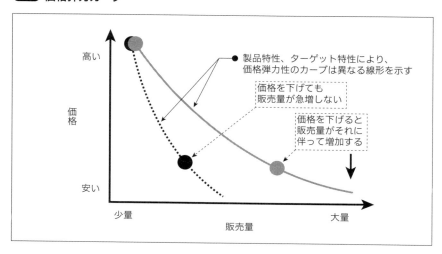

相関関係があることが、すなわち因果関係になっている、ということでは必ずしもありません。例えば、前述したように、データ上で「訪問回数が多い営業は受注率も高い」からといって、受注率の低い営業に「訪問回数を増やせ！」と言っても、すぐには受注率が上がらないことも多いでしょう。

営業マネジャーとしては、正しく結果を出すためには相関関係でなく、因果関係を見つけて指導すべきです。そのためには、因果関係が成り立つ条件を知っておく必要があります。

因果関係が成り立つ基本条件

因果関係の分析でチェックしてほしいことは次の3つです。
①原因が先、結果が後であること
②意味的、理論的に説明が可能であること
③他の要素が存在していないこと

①原因が先、結果が後であること

因果関係では、必ず原因が先に起こり、結果が後に起こります。当たり前のことではありますが、誤認しやすいので注意が必要です。例えば、園児や小学校低学年の子どもたちを遊ばせていると、途中で口論になり、けんかになり、その結果、一方あるいは両方が泣き出すことがあります。多くの場合、ほんの些細な口論が原因です。

一部始終をみていると、「お、おもちゃを取り合って口論を始めた、けんかした、あー、泣き出したー」とわかるわけですが、往々にして大人が気付くのは、当事者ではない誰かが「せんせーい、○○ちゃんが泣いてますー」と呼びにきてからです。状況を把握するためには、何が最初に起こ

ったのかを確認する必要があるでしょう。

　原因と結果をとりちがえると、誤った判断をすることになります。
　例えば、いわゆるロイヤルカスタマーは高額商品を買ってくださること
が多く、この2つには相関関係があります。そこで、ロイヤルカスタマー
を増やすために「一般客に高額商品をお勧めして買っていただいたらいい
のではないか」と考えるのはどうでしょう？
　これはほとんどのケースで失敗します。
　なぜなら、高額商品を購入しているのは、「このブランドは、この営業
が推奨するならよいものにちがいない」とロイヤルカスタマーが思ってい
るからです。ほとんどのケースで、ロイヤルカスタマーになった（原因）
から高額の商品も購入する（結果）、という動きを取ります。上記の考え
は典型的に因果の前後関係をとりちがえたケースです。

　あらためて、因果関係とは、必ず原因が先で結果が後です。特に、デー
タ分析を基に判断する場合、データをみるだけでは「どちらが先か」が明
確に示されない場合がほとんどです。どちらが先か、を見極めてください。

②意味的、理論的に説明が可能であること
　因果関係には意味的、理論的なつながりも必要です。
　例えば、営業担当者が質の高い昼食をとる（例えば、うなぎ屋でうな重を
食べる）となぜか受注率が上がる、というデータがあったとしましょう。
たしかに、先に「昼食をとる」という活動があり、その後に「受注率が上
がる」という結果になるので、因果関係がありそうです。ただ、これがな
ぜか、を説明できないとすると、偶然の可能性もあるわけです。

144

因果関係が成立するからには何らかの説明ができ、それが意味的に納得できる必要があります。「なじみのうなぎ屋はたまたまテーブルが広く、電源も確保できるため顧客分析をしている」というように、別の情報があれば顧客分析をする→受注が取れる、というのも納得しやすくなります。

③他の要素が存在していないこと
　因果関係がたしかに成立するためには、他の要素が影響していないことも確認する必要があります。

　例えば、「営業の経験年数が多いほうが営業成績が高い」というデータがあったとしましょう。一見、納得感もありますし、ありそうな因果関係です。ところが、医療機器メーカーではたまに聞く話ですが、「昔から担当しているので、いま地域のオピニオンリーダーとなっている医師と仲がよい」という理由で、営業成績が高いケースもあります。これは経験年数がダイレクトに効いているのではなく、「地域のオピニオンリーダーとの関係性」と営業成績が因果関係にある、というパターンです。

　一見すると関係がありそうな例でも、よくよく分析すると他の要素が影響しているケースは多々あります。

　注意点としては、複数の原因が結果につながっていることもある、と認識しておくことです。例えば、ある顧客に買っていただいた要因は、「営業のプレゼンテーション力が高かったこと」に加えて、「顧客が購入タイミングだった」というようなケースですね。これは複合要因でどちらも原因、すなわち、「顧客が必要としているタイミングでよいプレゼンテーションをした」ことが受注の要因になっていると理解しておく必要があります。決してどちらか一方ではないということです。

第 **4** 章　原因を明らかにする　問題解決のプロセス **Step ❸** 原因分析

4 因果関係と相関関係

注意すべき「因果関係とまちがいやすいパターン」

　営業マネジャーとしては、前述したような状況を確認したうえで、「因果関係が本当にあるのか」を考える必要があります。まちがいやすいパターンがいくつかありますが、その代表的なパターンを4つ提示します。

①因果が逆でまちがえるパターン

　これは因果関係の基本条件である「原因が先、結果が後」をチェックしないと起こしやすいまちがいです。

　例えば、前述のように、「ロイヤルカスタマー化　→　高額商品の購入」が正しい前後関係なのですが、「高額商品の購入　→　ロイヤルカスタマー化」と勘違いしてしまい、営業がとりあえず高額商品を提案し顧客に嫌われてしまう、というようなものです。

　改めて、どちらが先に起こっているのか、その現状を把握してください。

②第三の因子が原因になっているパターン

　こちらは、基本条件として「他の要素が存在していないこと」を確認する必要があります。

　例えば、「残業している営業チームは受注件数も多い」というデータがあったとしましょう。これを因果と誤認すると、「他のチームは残業して受注件数を増やしているので、我がチームもハードワークして受注件数を増やそう」などと考えてしまいます。

146

しかし、冷静に考えると残業しているのは仕事が多いからで、受注件数が多いのもその分、案件があるからでしょう。すなわち、たまたまそのチームの担当領域で顧客の需要が高まっており（季節性や業界ごとに担当チームを決めている場合などでしょうか）、その結果として、残業が増えることと、受注件数が増えることとが同時に起こる、というケースです。

「受注件数が多い理由は何か？」を冷静に確認する必要がある、ということです。

③偶然を因果と間違えるパターン

因果関係を確実に検証しようと思うと何十、何百の事例が必要になります。実際、学者は統計的に因果を証明するために多くの事例を集めます。

しかし、実務家である営業マネジャーは何百例のテストをしている余裕はありません。そうすると、「たまたまうまくいった」「たまたま頑張った」という例を因果とまちがえてしまうことがあります。「雨男」のようなジンクスはまさにこのパターンです。

特に、経験の浅い営業は、「そのとき頑張ったこと」が原因であると勘違いしがちです。例えば、「普段受注率が低い営業が、提案書を何度も見直し、誤字・脱字を徹底的に減らしたら受注ができた」、というようなものです。冷静に考えれば誤字・脱字が影響しているのではなく、提案がよかった、あるいは、顧客にニーズがあったことが影響しているはずです。

偶然を因果とまちがえないようにするには、改めて、基本条件である「意味的、理論的に説明が可能であること」を確認しましょう。

④論理が飛躍してしまうパターン

論理の飛躍とは、「風が吹けば桶屋が儲かる」のことわざのように、一

見すると関係のないものを因果があるように説明したり、内容が突飛なケースです。

　風が吹けば桶屋が儲かる、とは、「風が吹くと土ぼこりが立ち目の病気になり目が見えない人が増える。目が見えない人が増えると三味線の需要が増える（昔は目が見えない人は三味線を生業としていました）。三味線には猫の皮が必要になるため乱獲される。猫が減ると（鼠の天敵が減るため）鼠が増える。鼠が桶をかじることから桶屋の需要が増え、結果桶屋が儲かる。」という壮大な話です。

　もし上記が本当の話であれば、因果関係は確かにありますが、かなり突飛な例で、聞いているほうに納得感がありません。

　論理が飛躍してしまうパターンは、分析者が暗黙的に説明を飛ばすことで生じます。例えば、「競合他社はCRMシステムを導入して業績を拡大している。したがって、当社もCRMシステムを導入すべきだ」という主張です。

　「CRMシステムの導入→業績拡大」の関係性が確実な因果となっていればたしかに正しいですが、CRMシステムを導入したことによって営業活動がどう変わったのか、あるいは導入したシステムをどう活用したのか等の具体的な状況の理解が必要です。

　他社の成功事例は論理の飛躍につながりやすいので、例として使うときには注意が必要でしょう。

第 4 章　原因を明らかにする　問題解決のプロセス Step ❸ 原因分析

複雑な因果関係の整理

ビジネスの「原因」はシステムによって引き起こされる

　世の中の出来事は、必ず原因があって生じます。

　モノが壊れた、というような物理的な事象は比較的シンプルな原因がほとんどで、例えば、取っ手が折れた←（なぜ）←材料が弱っていたから←（なぜ）←長い期間で劣化したから←（なぜ）←安い材料を使っていたから←（なぜ）←安価な製品だから、というようなものです。したがって、長期間利用するものであれば、頑丈な製品を選ぶ≒多少高めであってもよいものを選びましょう、ということになります。

　では、ビジネスの事象はどうでしょう？

　例えば、「この製品がヒットした理由」や「あの企業がシェアNo.1である理由」等は単純な因果ではありません。

　有名な事例で言えば、なぜAmazonが強いのか、を説明した「ループ図」があります。

　インターネットなどでも見られるようですが、創業者であるジェフ・ベゾス氏が創業前に紙ナプキンに描いたといわれています。

　AmazonのECビジネスは、
《成長することで低コスト構造を確立でき、その結果、低価格につながり、顧客が増えることによって出品者が増え、さらに顧客が増える》
というループ構造になっています。

　成長がスタート地点ではありますが、顧客価値の増大によってさらなる成長が見込めるため、結局、循環してより強くなる構造です。

ビジネスが成功している、というときの原因は事象が複雑に絡み合っていることが多くあります。何か単一の原因によって成功している、ということはあまりなく、さまざまな要素が絡み合いそのメカニズムによって実現されています。成功要因は1つのシステムとして成り立っており、その成功のシステムを理解することがビジネスの理解につながります。

因果関係にはさまざまなパターンがある

　因果関係にはさまざまなパターンがあり、それを正しく整理することが原因分析につながります。

　因果関係の基本的な構造として、①単純な因果、②1つの原因が複数の結果を導いているパターン、③複数の原因があることで結果を導いているパターン、④鶏と卵、⑤循環構造の5つについて、順番に紹介します。

①単純な因果

　原因と結果がつながっていてわかりやすい例です。前述したとおり、「取っ手が折れた←（なぜ）←材料が弱っていたから」というようなパターンです。

　モノが壊れた等、物理的な事柄は単純因果であることが多く、本質的な原因も、なぜを5回繰り返すことによってみえてくることは多いでしょう。

②1つの原因が複数の結果を導いているパターン

　1つの原因が複数の結果につながっているケースもあります。例えば、「営業研修を行うことによって営業能力が向上する」と、結果として、「受注率が向上する」ことと同時に、営業自身の自己効力感が得られるため「離職率が低下する」などです。

③複数の原因があることで結果を導いているパターン

逆に、複数の原因が合わさって1つの結果を生み出すケースもあります。例えば、「営業が忙しくなって特定顧客へのフォローが不十分になった」「競合が積極的に攻めてきた」→「結果、失注した」などです。いわゆる、"合わせ技一本"で、複数の原因が重なり合うことで結果につながるケースです。

上記の例は、内的要因（営業の行動や自社の活動）としての「営業のフォロー」と、外的要因（顧客や競合の動き）としての「競合の行動」の組み合わせで失注してしまいました。このように、営業成果やビジネスの成果に対する原因は、内的要因と外的要因の2つが重なり合っていることがよくみられます。

④鶏と卵

もう少し複雑になった「鶏と卵」のパターンもあります。

例えば、顧客満足度と営業のフォローの関係性はこれにあたるでしょう。「顧客満足度が高いと、営業はより積極的にフォローする」「営業が積極的にフォローするとより顧客満足度が上がる」などです。

どちらが先なのかはわかりませんが、自社や担当営業のことが好きな顧客と接している営業はその顧客に対して積極的になるケースが多く、これがまさに「鶏と卵」パターンでしょう。

⑤循環構造

「鶏と卵」パターンがもう少し複雑になると、「循環構造型」の因果関係になります。

例えば、サービス・マーケティングのフレームワークの1つに「サービ

スプロフィットチェーン」というものがあります。これは、

《従業員への投資→従業員満足度（ES）向上→従業員のサービスへのやる気向上→従業員のサービス品質向上→顧客満足度（CS）向上→売上（利益）向上→従業員への投資》

という流れです。

　従業員満足度の向上と顧客満足度の向上がそれぞれ循環しており、従業員へ投資することが結果的に利益につながり、さらに従業員へ投資ができるようになる、という構造です。

原因の見つけ方：フィッシュボーンチャート

　真の原因を見出すことが「原因分析」のゴールです。難しいのは、事象に対して原因は必ずしも1つではない点です。ただ、「幹となる原因」と「枝葉の原因」があることも多く、幹となる原因を探りたいところです。

　そのときによく使われるのが、フィッシュボーンチャートです。

　フィッシュボーンチャートは特性要因図とも呼ばれ、製造業の改善でよく使われるフレームワークで、事象に対して枝分かれした原因を探っていくものです。

図3 フィッシュボーンチャート

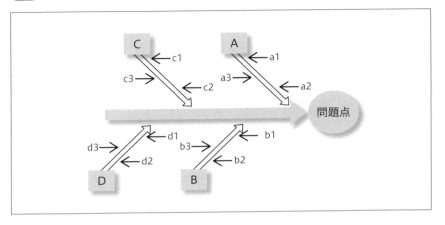

　フィッシュボーンチャートを製造業で使う際には、5M、すなわち、Man（人由来の原因）、Machine（機械由来の原因）、Material（材料由来の原因）、Method（方法由来の原因）、Measurement（計測管理由来の原因）の視点も使われます。

　営業的には最低限2つの要素、すなわち、内的要因（自社由来の原因）と外的要因（顧客や競合など外的由来の原因）に分けておきたいところです。

・原因
　—内的要因
　　—営業担当由来
　　—自社の仕組み／活動由来
　—外的要因
　　—市場・顧客由来
　　—競合由来

と整理すれば、概ね重要な原因は抽出できるのではないでしょうか。

フィッシュボーンチャートで洗い出したさまざまな原因のなかで、「最も影響が大きそうな要因」を抽出すると、それが真の原因である可能性は高いです。

複雑な因果関係は「因果構造図」で表す

フィッシュボーンチャートは、複数の原因が影響していることを前提とした分析手法ですが、あくまでも、「このなかで重要な原因はどれか」を探る、ある意味で原因が1つに定まることを前提としています。

しかし、実際にはさまざまな原因や事象が複雑に絡み合い、"鶏と卵"や"循環構造"になっているケースも多々あります。

これらを分析するために「因果構造図」を描いていきます。システム思考／因果ループ図と表現するケースもあります。

①因果構造図の描き方と確認ポイント

因果構造図は、次のように書きます。

ⅰ　事象を洗い出す

ⅱ　事象の原因から結果に向かって矢印を引き、因果をつないでいく

このとき、「Why？：なぜこの事象が起こるのか」と「So What？：これが起こるとこの後、何が起こるのか」の2つの問いについて、自問自答しながら考えるとよいでしょう。

ⅲ　つながっていない事象を仮説立ててつなげる

ひと通り因果の矢印がつながったらそれで完成ではありますが、多くのケースで「つながっていない事象」が存在します。その場合は、間に起こっていることを仮説立てして、仮説で事象同士を因果の関係でつないでいきます。

この流れによって、因果構造図を整理します。

図4 因果構造図の例

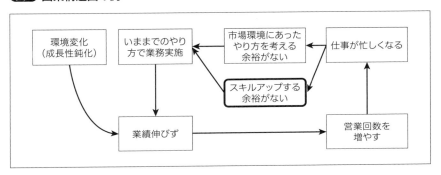

この因果構造図は、以前、筆者がある外資系企業のマーケティングマネジャーから相談を受けて描いたもの（をすごく単純化したもの）です。

最初は、「営業に研修を実施したいのだが、研修を提案してもらえないか？」という依頼でした。前向きに検討していると、しばらくしてそのマーケティングマネジャーから「ぜひやりたいと思うのだが、営業が忙しくて研修に出ている暇がない、と言ってきた。どうしたらよいだろう？」と改めて相談がありました。そこから整理したものがこの因果構造図で、

・営業は「スキルアップする余裕がない」←（なぜ）←仕事が忙しいから

というところをスタート地点として、

《仕事が忙しい→（So What?）→考える余裕がない→（So What?）→いままでのやり方で営業実施→（So What?）→業績が伸びない→（So What?）→訪問回数増やす→（So What?）→仕事が忙しい》

という流れでした。

原因分析は、真の原因、真因を探るために行うものですから、なぜこの企業はこういう状態になったのか、を紐解く必要があります。この企業に

ついて少し解説します。

　この企業は、あるニッチなサービスの低価格版を生み出した米系外資企業の日本法人でした。既存サービスと同様のものが低価格で提供できたので、当初はかなりの顧客がこの企業のサービスにスイッチしました。最初はとても調子がよかったのですが、途中から徐々に成長性が鈍化します。

　あるサービスが伸びると当然、模倣競合が出てきます。また、もともとニッチな市場だったため、顧客数が限られ、いつしかかなりのシェアを取ってしまっていた、というのが成長性鈍化の原因でした。

　高シェアになったら、売上拡大ではなく、例えば利益率向上などにシフトすればよかったのですが、この企業は米国本社から「売上拡大」を継続的に求められていました。売上を上げるために無理をした結果、このような状況になってしまったのです。

　原因分析の目的は「真因の把握」です。このケースでの真因は「環境変化」にありました。環境変化のうち、外部環境は基本的にメスが入れられない領域です。すなわち、彼らが陥っていた原因は、環境が変化しても体制を変えられなかった、この循環構造になってしまったことそのものだったのでした。

　このように、因果構造図を描くことによって課題が明確になります。

②因果構造図のチェックには「なぜ」を考える

　因果構造図を描いたら、その因果が正しいかどうかをチェックする必要があります。

　チェックするときは、次の3つの問いを使います。

ⅰ　この因果は正しいか

ⅱ　なぜこの事象が生じるのか

iii　この結果からさらに何が起こるのか

i　この因果は正しいか

　因果構造図の矢印をそれぞれチェックします。例えば、前述した因果構造図で言えば、「なぜ、業績が伸びないと訪問回数を増やすのか」というような問いです。この問いを投げかけてみて、「あれ？　つながっていない」と感じるようであれば、因果関係がまちがっている可能性が高い、あるいは、別の原因が存在している可能性が高いでしょう。

　このチェックには、「なぜ」と問いを立てることも効果的ですが、因果構造図を読み上げることも効果的です。例えば、「業績が伸びない結果、訪問回数を増やします」というように因果構造図を声に出して説明します。声に出してみると正しいかどうかが考えやすくなります。

ii　なぜこの事象が生じるのか

　1つひとつの事象に対して、改めて「なぜこの結果が生じるのか」を考えてみてください。あるいは、声に出してみるとより考えやすくなります。

　1つの結果が複数の原因から複合的に導き出されていることもあります。そのため、「なぜこの結果が生じるのか」と問いに出してみると、他の原因が見出されるケースもあります。また、もし「原因はわからないが事象としては存在する」ものがあれば、一度は必ず「なぜ」を確認してみるべきでしょう。

iii　この結果からさらに何が起こるのか

　「なぜ」の逆パターンのSo What?でも確認していただいたところです。「この事象が起きるとこの後、何が起きるのか」という問いを考えてみま

157

しょう。

1つの原因が複数の結果につながっているケースが導き出されることも
あります。また、事象から何も導き出されているものがない場合、「さら
に何が起こるのか」は考えたいところです。

第 **4** 章　原因を明らかにする　問題解決のプロセス Step ❸ 原因分析

課題の設定

メスを入れる原因を特定する

　原因を深く分析していくと、さまざまな原因がみえてきます。品津の例を基に、複数の原因がみえた際にどこにメスを入れていくべきか、を考えてみましょう。

事例　複数の原因がみえてきた…

　品津は業務用の顧客の訪問回数を増やすべきだと思っているが、メンバーがどう考えているのかを聞いてみた。

品津：「業務用のお客様をもっと訪問すると数字が上がると思うんだけど、みんなはどう思っていますか」
メンバー１：「私も行きたいとは思うのですが、既存のお客様にどうしても時間を取られてしまって、新規に手が回らなくて」
品津：「既存のお客様というと？」
メンバー１：「家庭用のお客様ですね。私の担当エリアで言えば、スーパーさんが積極的になってくださっているのでそのフォローが必要で」
品津：「業務用のお客様への連絡はできないのでしょうか」
メンバー１：「まったくできないというわけではないのですが、空き時間があるとスーパーさんへのご提案が気になってしまって」
品津：「優先度が上がらないということ？」
メンバー１：「そうですね。家庭用のお客様は確実に置いてくださる

のですが、業務用はなかなか採用に至らなくて」
品津：「採用に至らないのですね…。難しいということですか」
メンバー１：「はい、私自身が売った記憶があまりなくて」
メンバー２：「そうなんですよ。私も同意見なんですけど、結果的にお客様のことがわからないからうまく話もできないんです」
品津：「そうなると、連絡しても訪問機会をもらいにくくなりませんか」
メンバー２：「はい、既存のお客様と比べると新規のお客様から『なんでレイコロの話を聞かなければいけないのか』と聞かれると迷っちゃって」

さまざまな話を総合すると、どうやら、「優先度が低いから訪問回数が増えないが、その結果、顧客理解が進まず、ずっと優先度が低いまま」という悪循環に陥っていそうだ。

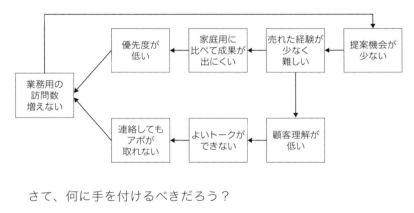

さて、何に手を付けるべきだろう？

　原因分析のゴールは、真の原因、正確に言えば「メスを入れるべき原因」を設定することです。ではメスを入れるべき原因はどうやって設定すればよいでしょうか。

①原因のなかから「真因:真の原因」を特定する

　原因分析では、なぜを５回以上繰り返して、「真の原因」を導き出します。「なぜ」を繰り返していくと表層的な原因から、より真の原因に近づきます。表層的な原因にはその先に深い原因があるわけですから、表層的な原因をつぶしたとしても真因がつぶせていなければ結局、問題は再発してしまいます。

　例えば、受注率が低い原因を「営業担当者の提案力不足」と捉えたとしましょう。これが真の原因だとすると、解決方針は「営業の提案力向上」で、短絡的に考えれば「研修やOJTによる指導が必要」ということになります。

　これで問題が解決するでしょうか。

　もう少し分析してみると、

《受注率が低い←営業がよい提案ができていない←営業の提案力不足←（なぜ）←営業が顧客の課題を捉えていない←（なぜ）←顧客の課題が以前と変化してその変化に営業がついていけていない←（なぜ）←営業資料が以前通りのため営業自身が変化したことに気付けない←（なぜ）←マーケティング側で営業資料を変更できていないから←（なぜ）←マーケティングも顧客の課題を理解できていないから←（なぜ）←マーケティングが顧客の声を聴いていないから》

という流れだとどうでしょう？

　営業のスキルトレーニングをしても問題は解決せず、そもそも顧客の課題認識やそれに基づく営業資料の改善が必要だ、ということです。

②真因は最も深い原因である

　真の原因は、基本的になぜなぜを繰り返した先に存在します。

　例えば、前述の事例で受注率が低い理由は、営業資料が変更できていないからであり、その原因はマーケティングが顧客の声を十分に聴いていないからです。とすると、最も深い原因は「マーケティングが顧客の声を聴いていない」というところにあります。

　実は、さらに掘り下げができて、
《マーケティングが顧客の声を聴いていないから←（なぜ）←マーケティングが忙しい←（なぜ）←雑務作業に追われて本来の仕事ができない←（なぜ）←事業部長がマーケティングを「なんでも屋」と考えているから》
等の分析ができるかもしれません。

　このなぜなぜを繰り返した先が真の原因であり、納得感のあるところまで掘り下げる必要があります。

③複数の原因があるときは「影響度の大きい原因」を特定する

　複数の原因がある場合には、そのインパクトを考えていきます。

　フィッシュボーンチャートで分析してみると、内的要因も外的要因も原因になっているケースがみられます。こういう場合は、どちらを優先すべきか判断に迷いますが、「どちらのほうが改善したときのインパクトが大きいか」に帰着します。

　インパクトにはさまざまな基準がありますが、大きくは、

・成果が大きいか

・コストが小さいか

の2つでしょう。この2つの視点から、最終的にはROI（Return Of Investment：投資対効果）で測るのが一般的です。

162

④循環構造パターンなら、「メスの入れ方」を考える

　因果関係が「鶏と卵」や「循環構造」のときは、どこかにメスを入れても必ず別の原因が存在しているため、実務的には判断に迷うはずです。例えば、因果関係が循環構造の図5の場合なら、みなさんはどこにメスを入れますか。

図5　循環構造パターンの例

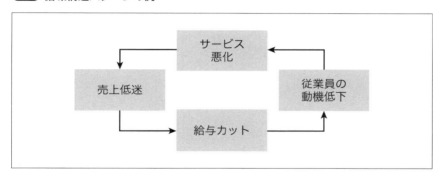

　例えば、従業員の動機低下にメスを入れたいとします。しかし、従業員の動機低下は給与カットからきており、これを何とかしないとモチベーションは上がらないということですよね。では、給与カットにメスを入れましょうか。しかし、給与カットは売上低迷からきており、売上を何とかしないといけないですよね。では、売上低迷を何とかしましょう。しかし、売上低迷はサービス品質の悪化からきています。そして、サービス品質の悪化は従業員の動機低下からきている──これでは循環して一周してしまい、メスを入れられません。

　意思決定のコツは、意思決定基準の設定にあります。
　「お金がないのでお金がかからない範囲でやりたい」ということであれば、

サービス品質の向上や動機向上にメスを入れるでしょう。理由は、サービス品質は機器を入れなくても実現できるでしょうし、従業員の動機が低くてもできる対策はあります。例えば、セルフサービスの導入やメニューの簡素化などがそれにあたります。

　また、給与カットは、他の事業からの収益や、金融機関からの借り入れでキャッシュがつくれるのであれば、それを原資に給与を出す、ということとも考えられるでしょう。

第 **5** 章

解決策を見つけ出す

問題解決のプロセス Step 4
解決策立案

第 **5** 章　解決策を見つけ出す　問題解決のプロセス **Step 4** 解決策立案

1 解決策立案の流れ

解決策立案には「創案」と「絞り込み」がある

　原因がみえたら、いよいよ解決策を考える番です。しかし、解決策を考える際にも注意すべき落とし穴があります。またレイコロ社の品津の事例で考えてみましょう。

事例) 解決策の決め手

　レイコロ社の品津は、業務用の売上を増やすには結局、メンバー自身が「どうやったら売れるか」を理解する必要があると考えた。
　そのためには成功事例の共有はどうだろう？　レイコロ社の成功事例は全国にあるし、東日本だけでも過去から考えればさまざまな成功を積み上げてきている。

　だが、品津には不安もあった。成功事例の共有は効果がありそうにもみえるが、いままでもやってきていることだ。営業表彰の例なども全社会議で発表されてみんな知っているし、チーム内でも半期ごとの営業会議で優秀者には事例を発表してもらっている。いつも、事例発表者には無理にお願いして話してもらっているが、それを他の人が参考にしてうまくいった、という話は聞かない。

　それなら営業トレーニングを本社にお願いしたほうが早いんじゃないだろうか――。

　品津は色々と考えた結果、なにをやったらよいかで迷ってしまった。

166

解決策の立案には、「創案」と「絞り込み」があります。

　問題解決プロセスに従って丁寧に考えると、原因がみえたころにはおのずと解決策はみえてくるはずです。しかし、ここで少しだけ立ち止まっていただきたいのです。いままでせっかく丁寧に分析してきたのに、解決策だけ思い付きで決めていいのでしょうか。

　もちろん、すぐに成果が出るよい施策を思い付いたのならやってみるのもいいでしょう。しかし、せっかくなら解決策も丁寧に考えて立案したいところです。

　本書では、「創案」と「絞り込み」の２つに分けて考えます。

第 **5** 章　解決策を見つけ出す　問題解決のプロセス **Step ❹** 解決策立案

2 創案のポイント

よいアイデアはたくさんのアイデアのなかにある

　解決策の創案のゴールは、「よいアイデアを出す」ことです。そして、よいアイデアを出すためには「たくさんのアイデアを出す」ことを心がけたいものです。

　アイデア出しの手法はさまざまありますが、よく使われるのは複数人でアイデアを出す「ブレインストーミング」です。この手法は、1939 年にアレックス・F・オズボーン氏によって考案されたもので、4つの原則を用いてさまざまなアイデアを生み出すことを目的にしています。

　ブレインストーミングは、「質より量」「批判禁止」「自由奔放」「結合改善」という4つの原則を意識しながら、複数人が問いに対して意見を出していく手法です。4 〜 5 人程度で行うのが経験上一番盛り上がりやすいです。営業マネジャー自身が進行し、営業メンバーにアイデアを出してもらうのがオーソドックスなやり方でしょう。ただし、テーマによって適切な参加者は変わります。たとえば、「マネジャーがとるべき解決策」というテーマであれば、営業メンバーではなく、同僚の営業マネジャーに参加してもらうことも選択肢の1つです。

ブレインストーミングの4つの原則

　ブレインストーミングの4つの原則について、1つずつ確認していきましょう。

168

・質より量

アイデア出しは、「たくさんのアイデアのなかによいものが含まれている」という考え方に基づいて行うことが多く、ブレインストーミングはその典型例です。実際、「なかなかよいアイデアが思いつかない」というケースの多くは、アイデア出しの数が足りずよいアイデアに行きつかないようです。

特に、真面目な人ほど「よいアイデアを出したい」と考えてしまい、なかなか思いついたことをそのまま発言しません。ですが、ブレインストーミングで求められているアイデアは、完成された質の高いものではありません。「アイデアの種を出す」くらいの気持ちで臨んでもらうと、量が出やすくなることが多いです。

・批判禁止

アイデア出しを阻害する要因の1つが「批判」です。営業マネジャー自身がよいアイデアを出そうと思うばかりに、メンバーの意見を批判、否定してしまうケースがあるので注意が必要です。

ブレインストーミングの原則は、一般には「批判禁止」となっていますが、厳密には批判を含む評価、判断、結論は出さないようにすることが基本です。例えば、「営業が、事務作業が多いために時間がなくて訪問数が不十分」というテーマを解決するために、「寝ないで残業して営業する」というアイデアが出たとしましょう。

このアイデアそのものは、いまの時代に常識的にもコンプライアンス的にもよいものとは言えません。これを聞くと、「さすがに寝ないで仕事をするのはまずいだろう」とか「夜に訪問してもお客様がいないだろう」等の批判をしたくなる、あるいは、このアイデアは問題が多いという評価を

したくなってしまいます。ところが、このアイデアが「使えない」と評価されてしまうと、途端にアイデアを出すハードルが上がってしまいます。なぜなら、ぱっと思いついたアイデアは自分でも問題があることを感じてしまったりするからです。

　特に、役職上位者（営業マネジャー自身も）はよいアイデアを出したいがためにメンバーのアイデアに対して評価をしがちですが、アイデア出しの途中ではいったん「評価」そのものをやめてください。

　評価は、アイデア出しが終わってから行えばよいのです。

・自由奔放

　誰もが思いつくアイデア、いつもやっている解決策ではなく、奇抜なアイデア、ユニークで斬新なアイデアをより重視しましょう、というものです。いままでのやり方でうまくいかないがゆえに、このような問題解決のプロセスを用いているのであれば、新しい施策も考えたいものです。

　ただ、やみくもに「自由奔放に考える」のも難しいケースが多いです。したがって、慣れないうちは「他の業界の事例」や「営業以外の事例」等、自分たちのやり方とはちがうものをベンチマークして連想することをお勧めします。

・結合改善

　結合改善とは、既存のアイデアに何かを付け足して、あるいはアイデア同士を組み合わせて新しいアイデアを生み出すことです。

　特に、事前に個々人がしっかり考えてきたアイデアを披露する際に起こる現象ですが、「これは私のアイデア」「これはあの人のアイデア」とアイデアを誰かの所有物にしてしまうケースが見受けられます。この状態だと

人のアイデアに付け足す、人のアイデアを改造する、ということが心理的に難しくなります。この結合改善は、アイデアは誰のものでもなく場のみんなのものとして処理していきましょう、という考え方でもあります。

「質より量」のところで述べたように、ブレインストーミングでは「アイデアの種」を出していて、その種同士を組み合わせることによってよいアイデアになるケースが多いです。そのために、出たアイデアは可視化しておくことをお勧めします。

ブレインストーミングは、比較的ライトに多くのアイデアを出せる手法なので利用している人は多いと思います。「4つの原則」を取り入れることで、劇的にアイデア出しがうまくいくことが多いので、一度ルールを決めて試してみることをお勧めします。

アイデア出しの得意な人の特徴

アイデア出しには得意な人、不得意な人がいます。ノーベル賞を取るようなとてつもないアイデアには才能が必要かもしれませんが、一般的なビジネスのアイデア出しにおいては、才能よりも知識や心がけが役に立ちます。

アイデア出しの得意な人には、①「知識が豊富」で、②「連想が得意」などの特徴があります。

①知識が豊富

アイデアが出やすいのは知識を豊富に持っている人です。例えば、ベテランの営業や、さまざまな業種を渡り歩いてきた人、ビジネス書などで情報収集を常日頃から行っている人は、「こういう状況ではこういうやり方

がある」という知識が多く、それを場に出すだけでも十分にアイデアとして利用できます。

　よいアイデアを出すためには、営業マネジャー自身が社内の成功事例や失敗事例の情報を収集しておくとともに、他社や他業界の事例などにも普段からアンテナを立てておきたいものです。

②連想が得意

　「○○といえば○○」というようなキーワードを連想できる人は、他のメンバーのアイデアから新しいアイデアを出せるケースが多いです。

　連想を機械的に実施するためのアイデア出し手法もあります。有名なところでは、ブレインストーミングを考案したアレックス・F・オズボーン氏が提唱しているオズボーンのチェックリストでしょう。

　ご参考までに、チェックポイントと「既存顧客対応に追われて新規顧客開拓ができない」ことに対するアイデア例を示します。

図1 オズボーンのチェックリストの例

チェックポイント	アイデア例
Put to other uses （転用できないか）	・既存顧客対応の一部を新規顧客へのアピールとして活用し、既存顧客の満足度を新規開拓の武器にする。 ・既存顧客の声を「成功事例」として活用し、新規顧客への訴求材料にする。 ・既存顧客との面談を公開セミナー化して新規顧客も参加できる場にする。
Adapt （応用したら）	・他部門やチームが行う新規開拓方法を営業に適用し、効率化を図る。 ・他社が実施する効率的な顧客管理方法を参考に、顧客フォローを見直す。 ・他の業界の事例を参考に、AIで顧客対応の一部を自動化する。

Modify （変更したら）	・既存顧客フォローの頻度やアプローチ手段をビデオ会議などに変更し、対応時間を短縮する。 ・フォローアップツールをシンプル化し、対応の効率化を図る。 ・営業スタイルを「コンサルティング型」に変更し、次の新規顧客獲得につなげる。
Magnify （拡大したら）	・新規開拓の対象範囲を異業種や他地域にも拡大し、顧客層を広げる。 ・新規開拓の日や時間を増やし、既存顧客対応とのバランスをとる。 ・既存顧客へのサービスを強化し、その評判をもとに紹介を依頼する。
Minify （縮小したら）	・既存顧客フォローのステップを簡略化し、手間を省く。 ・既存顧客対応の訪問時間を短縮し、新規開拓のための時間を確保する。 ・顧客フォローをパートナー企業に委託し、新規開拓に注力できる体制にする。
Substitute （代用したら）	・既存顧客フォローをサポート部門に任せ、営業の負担を軽減する。 ・対面フォローをビデオ会議や電話対応に置き換え、移動時間を削減する。 ・自動化ツールで簡単な問い合わせ対応を効率化する。
Rearrange （置換したら）	・既存顧客フォローを定期化し、他の日に新規開拓を専念できるようにする。 ・営業チームを分け、一部は既存顧客対応、他のメンバーは新規開拓に集中する。 ・優先度の低い既存顧客対応を新規開拓の合間に行う。
Reverse （逆転したら）	・新規開拓の担当者を既存顧客アフターフォローにあて、紹介を通じて新規開拓を促す。 ・既存顧客から新規顧客を紹介してもらう流れをつくる。 ・フォローアップの頻度を逆転し、既存顧客には必要時のみ対応する。
Combine （結合したら）	・既存顧客対応と新規開拓チームを統合し、情報共有を円滑化する。 ・既存顧客の声を新規顧客向けの営業資料や成功事例として利用する。 ・新規開拓をマーケティングと連携させ、顧客獲得を同時に進める。

第5章 ▼ 解決策を見つけ出す

オズボーンのチェックリストは、さらに細かく 73 の質問に分けられているので、よりアイデアを出したい場合はこれらを確認してみるとよいでしょう。

③自分でアイデアを評価せずに表に出せる

アイデア出しが不得意なタイプのなかに「自分の頭のなかでアイデアを殺してしまう」人がいます。具体的には、一度思いついても「つまらない」「使えない」と自分で判断し、そのアイデアを発表するのを止めてしまうのです。

熟慮が得意な人や正解を求めたくなる人に多い行動ですが、「質より量」を基本とするアイデア出しにおいては、「質の高いアイデアしか出さない」というスタンスはむしろマイナスになります。

そうならないためには、「思いついたら、考えずにとりあえず言ってみる／書いてみる」ことです。

④考えたアイデアを表現できる

個人のアイデア発想とは少しだけ毛色がちがいますが、これは考えたことを正しく表現できるスキルの話です。

思いついたことを正しく言語化できなければ、周囲に説明できないので説得もできません。逆に、正しくわかりやすく表現できれば、周囲も理解ができ、それに触発されて更なる結合改善につながります。

営業の話とは少し異なりますが、商品開発の際には言葉だけでなく絵で描くことでよりイメージが伝わることが少なくありません。デザイナーが参加するとアイデアが可視化されて、より興味深いアイデアにつながることも多いのです。

最近では、グラフィックレコーディングという議論を絵にする手法が一般的になってきていますが、会議のなかでグラフィックレコーディングを取り入れてみるのも1つの選択肢かもしれません。

社内の成功事例を探そう

　さまざまなアイデア出しについての考え方を紹介しましたが、実際のところ、成果につながりやすいのは社内の成功事例の横展開です。

　他社事例や他業界事例がよい結果につながることもあるのですが、自社特有の事情によってうまくいかないケースも多々あります。例えば、人材レベルや商材のちがい、あるいは企業文化のちがいなども影響します。

　その点、社内の成功事例であれば、少なくとも「個社事情」による失敗となりにくく、要するに真似しやすいのです。営業メンバーにとっても、よくわからない有名企業の事例よりも、身近な自社事例のほうが取り組みやすいでしょう。

　したがって、営業マネジャーが社内の成功事例にどれだけ精通しているかも重要な成功要件になります。

第 **5** 章　解決策を見つけ出す　問題解決のプロセス **Step ❹** 解決策立案

3　解決策の絞り込み

　さまざまな解決策の案が出たら、そこから絞り込んでいく必要があります。レイコロ社の品津の事例をみながら絞り込みのポイントを整理していきましょう。

事例 ）チーム売上アップの施策案

　品津は、チームの売上向上に向けていくつかの案を考えた。
　最終的には、チームメンバー全員の提案スキル向上が必要であることから、次の3つの施策が考えられた。

①営業ワークショップ
　　全国の営業を集めてワークショップを行い、成功事例をお互いに共有するとともにベテランと若手が同行営業することでOJTの形で全員の提案スキルを向上させる。
②ツール導入
　　本社に掛け合い、新しいツール導入の予算を獲得し、そのツールを全営業が使えるようにすることでより精度の高い提案資料をつくれるようにする。
③資料共有
　　受注した提案書を共有フォルダに入れ誰でも見られるようにして、真似できるところを真似する。

　本質的には営業チーム全体の底上げが必要で、東日本だけでもかなりの成功事例がたまっているので、それを共有することで各自のレベルアップにつながることが想定される。しかし、営業の能力アップに関わることなので、地道に時間をかけるしかなく、1回のワ

176

> ークショップだけでなく日々のOJTが欠かせない。
> 　ツールを導入すると、いままでの提案資料に、例えば写真を導入できたりするので提案書の見た目が格段によくなる。ただし、ツールの予算獲得のハードルがあるのと、営業メンバーがこれを覚えるのにも手間がかかりそう。
> 　資料共有は、いままで属人的になっていた資料を集めてフォルダ共有するもので、これを行うだけでも多少の効果はあるだろう。
> 　さて、どれを採用すべきだろう？

　解決策には、やったほうがいいものだけでなく、やらないほうがいいもの、あるいは優先度の高いもの、低いものもあります。

　ですから、感覚や思い付きでなく、最終成果の最大化に向けてロジカルな意思決定を行いたいものです。特に、営業チーム全体に影響する施策は、個々の営業の納得度も重要な要素になります。

解決策は「成果」と「実施の困難度」で評価する

　解決策の評価方法はさまざまです。緻密に評価する場合は、特性分析と

図2 解決策の評価マトリクス

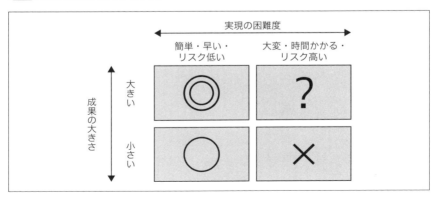

呼ばれる手法をとり、例えば、「受注への影響度合い」「コスト」「個々の営業の負担」「リスク」等の観点で一覧表、星取表をつくります。これができればよいのですが、なかなかたいへんですから、最低限、2つの視点、すなわち、「成果」と「実施の困難度」でみておくことをお勧めします。

前ページの図2に、品津が考えた施策を当てはめたのが図3です。簡単にできて効果が大きい施策は残念ながら見当たりませんでした。もちろん、このようなものがあれば、すぐにでも実行すべきですが、なかなか出てこないのが実情でしょう。

図3 施策評価マトリクス

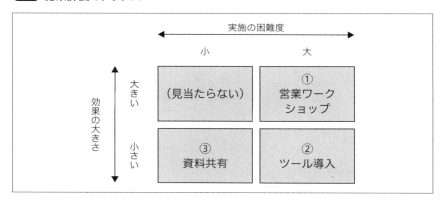

簡単にできて効果の小さい③資料共有はどうでしょう？　これはすぐにでもできるし、メンバーからの抵抗がないのであればさっそく実行すべきでしょう。ただし、これは効果の範囲が限定的で、たまたま似たような案件があり、その提案書が使い回せれば成果につながるという程度のものです。しかし、やらないよりはやったほうがよいですね。

では、②ツール導入はどうでしょうか。これはやらないほうがよいものにあたります。まず、本社との調整に品津自身の手間と時間がかかります。

また、ようやく導入にこぎつけたとしても営業自身が使い方を覚える手間もあり（そして多くのメンバーが覚えきれずに使わなくなる）、たとえできたとしても、写真が少し綺麗になるレベルでは劇的な受注率の改善にはつながらないだろうことが容易に想像されるからです。これに時間を使うのであれば、品津自身が同行営業したり、担当を持ったりしたほうがまだ数字にインパクトがあるでしょう。

　①営業ワークショップはどうでしょう？　もちろんやり方にもよりますが、最終的にはOJTなども絡めて営業育成につなげられるので、長期的には大きな効果が期待できるでしょう。「簡単にできて効果が大きい施策」がない状況では、これもぜひ実施したい施策でしょう。

短期的施策と長期的施策のバランスをとる

　解決策には短期的な施策と長期的な施策があります。顧客企業からの受注獲得という意味では、短期的な施策は現在お付き合いのある顧客に新たな商品を紹介する、等が考えられます。しかし、さらに拡大するには「別の担当者を紹介してもらってその人と信頼関係をつくり、新たな取引を実現する」とか、あるいは、「新商品開発のためのニーズを把握し研究開発のうえで強い新商品を投入する」等が期待されるでしょう。これらは単年でできる可能性は低く、長期的な施策ということになります。

　今期の目標達成ということで言えば、短期的施策の連続になりますが、それだと常に数字に追われて成長が難しいのも実情でしょう。
　したがって、短期的な施策である今期の目標達成のために行う施策と、強い営業チームをつくり将来的な受注拡大につなげる中長期的施策とを両

179

面で実施することが必要になります。

　売上目標や受注目標などの数字が評価に直結していることが多い営業組織ではどうしても短期的施策を追いかけがちです。そのため、営業マネジャーが積極的に長期的施策を実施するように働きかけないと、日々数字に追われることになりかねません。

　したがって、長期的施策と短期的施策のバランスを意識する必要があります。

施策の実現可能性を評価する

　解決策ができたら改めて、「実現可能性」について評価しておきましょう。問題解決の 4Step で考えてきていると、状況などをかなり精緻に把握している可能性は高いものの、「この施策は実行できるのか」という観点で評価するタイミングが実はありません。

　新しいことを行おうとすると、多くの場合、何らかの壁にぶつかります。想定されるものを以下に挙げておきます。

①予算不足

　新しいやり方がよいと思えても、そこに対して予算がない、お金がなければ導入できません。例えば、新システムの導入は明らかに営業成績の向上につながるとしても、そのために多大な費用がかかる場合、組織の予算で購入できない可能性もあります。

　また、顧客に新しいソリューションを提案する際も同様で、「よい提案なんだけど今期の予算がもうない」という理由で購入してもらえないことは多々あるでしょう。

②リスク

何らかのリスクがあると施策の実行には慎重になります。例えば、値上げがうまくできれば売上も利益も上がるものの、失敗すると顧客を失う可能性があります。

新しいソリューションを提案する際、顧客の業務改革を伴うものであれば、「この業務がうまくいかなかった場合のダメージを許容できない」という理由でNGになることもあります。

③忙しくて対応できない

新しいことには必ず何らかの手間がかかります。例えば、営業向けに便利なツールを導入したとしても、使い方を覚えるのに多少時間がかかると「忙しい」という理由で後回しにされることは多いです。

このような場合、せっかく導入しても成果が出にくいため、結果的に導入しないほうがコストも時間もかからなくてよかった、ということになりかねません。

④いままでのやり方を変えたくない

合理的な理由でないとしても、人は新しいやり方を嫌う傾向があります。特に、「頑張って覚えなければならない」ケースなどがそれにあたるでしょう。例えば、一般的に使われているパソコンのキー配列は合理的でない部分があることが知られています。しかし、「人間工学的にもっと使いやすいキー配列」が出たとしても誰も使いたがらないでしょう。理由は簡単で、いまのやり方を変えるのが面倒だからです。一度、何らかのやり方に慣れてしまうと、変更の手間がかかるため変えられない、となることはよくあります。

⑤損失回避の心理

　新しい機器を導入するときは、古い機器を捨てなければなりません。このようなケースでは損失回避の心理が働きます。行動経済学の理論の1つにプロスペクト理論というものがあります。これは、例えば、何かの懸賞で当たって1万円を手に入れる喜びよりも、1万円落として損をする悲しみのほうが大きい、というものです。金額換算で同じでも、手に入れるよりも失うほうを大きく感じる、というものです。

　何かを捨てて新しいものを導入するケースで、この心理は働きやすいので注意が必要です。

⑥不安

　上記のさまざまなことも併せて考えると結局、人は未知のものに対して何らかの不安を覚えるということがいえます。この「よくわからない」という不安が導入障壁になるケースもあります。

　これらの障壁が致命的なものであれば、回避策を考えておかないと導入が難しくなるので、事前に導入障壁がないかをチェックしておきましょう。

　特に、営業メンバー全員に新しい何かをしてもらおうと思う場合には、

ⅰ　時間的にできるか

ⅱ　心理的できるか

ⅲ　能力的にできるか

について確認しておくことをお勧めします。

解決策の実行で問題解決ができるのかを再チェックしよう

　営業担当者が何らかの施策を検討する場合に、例えば、「去年もセミナ

ーを開催したので今年もセミナーを開催しよう」というように「手段が目的化している」ことがあります。

そこまでひどいケースは少ないかもしれませんが、問題解決の検討をしている間に、「何か面白そうな施策」に飛びついてしまっていることはよく聞くパターンの1つです。

要するに、問題が途中ですり替わってしまっているのです。

そうならないように、念のため「この施策は問題解決につながっている」ことを確認してほしいのです。確認といっても、それほど難しいことではなく、「問題に対して解決策を行うことで解決に向かうのか」を考えてみてください。

当然ながら、問題点の発見や原因分析のチェックもしたほうがよいのですが、そこまで細かくやらなくても「もともとの問題に対してこの解決策は有効である」ということが確認できれば、大きな問題はないでしょう。それまでしっかりと分析してきているはずなので。

第 **5** 章　解決策を見つけ出す　問題解決のプロセス **Step ④** 解決策立案

4 営業の成功事例共有

成功事例の定義

　成功事例は、自分のチームのレベル向上策として比較的取り組みやすいので、営業マネジャーとして情報収集をしておきたいものです。

　一方で、成功事例を共有している企業や営業組織はたくさんありますが、その実、事例共有がうまく機能していない、という話も聞きます。

　なぜうまく機能しないのでしょう？

　成功事例を共有する作業は、成功した営業にとって、実はあまりメリットがありません。共有しても自分の成績には一切プラスにならないからです。逆に、まとめる作業やそのあとの問い合わせ対応等に追われるため、マイナスと感じる営業もいます。そのため、多くの企業で「優秀な事例には金一封」等のインセンティブを付けています。

　成功した営業が、インセンティブなどによって「共有してもよい」と思ったとしても、その成功事例を他の営業メンバーが使えるかどうか、というハードルが別途存在します。成功事例を共有したいタイプの営業の人もいますが、その人たちのプレゼンはともすると自慢大会のようになってしまいます。「俺はこんなにすごいことをやった、どうだ、俺はすごいだろう」というプレゼンは、聞いている分には面白いのですが、真似しにくいのも事実です。

　成功事例共有の目的は、「他の人が模倣をして同様に成功する」ことです。

184

そのためには、模倣しやすい状況をつくり出す必要があります。

　改めて、成功事例を定義しておきましょう。ここでは、以下が整理されているものを成功事例とします。
①何らかの営業成果につながっている
②顧客が特定の状況である
③特定の営業行動を行っている
　営業成果は色々で、大型受注や、顧客内シェアを大幅に上げる等の売上そのものにつながるものはちろんですが、いままで会えない顧客に会えた、訪問量が劇的に上がった、顧客との関係性強化につながった等、営業プロセスを一歩進めるものも成功事例と呼んでよいでしょう。①～③について順番に確認しましょう。

①何らかの営業成果につながっている
　営業成果は受注や売上など、ダイレクトに数字が上がることでもいいですが、営業プロセスのフェーズアップにつながった事例などでも多くの人に役に立ちます。
　ここで確認しておきたいのは、どのような成果につながったか、言い換えれば、営業プロセスの何を改善したい人に使えるのかがわかるようにしておくことです。
　例えば、営業プロセスを以下の5つのフェーズで考えましょう。
フェーズ1：リストアップ
フェーズ2：連絡
フェーズ3：訪問
フェーズ4：商談

フェーズ5：契約

　営業成果は、フェーズ1：リストアップの仕方、でもよいです。フェーズ2（連絡）から3（訪問）につながる連絡方法で困っている人も多いでしょう。

　フェーズ4（商談）から5（契約）の価格交渉の仕方等も役に立ちます。

　多くの営業成果は、新規受注獲得や、顧客内シェアアップ等について、営業アプローチや関係構築から提案～受注までの一連の流れを説明するケースが多いですが、一部分であっても役に立つことは多々あります。

　また、営業マネジャーは、自分のチームの課題がどこにあるか、それを意識しながら他の成功事例を探してみるのもよいかもしれません。

②顧客が特定の状況である

　営業プロセスのフェーズによって状況整理の仕方は若干異なりますが、顧客の状況を以下に分けて理解しておく必要があります。

i　どういう顧客か

　・顧客企業の属性（業種、業態、規模等）

　・顧客担当者の属性（役職）

ii　自社との関係性

iii　顧客のニーズ

　レイコロ社の品津の顧客は、

・家庭用：スーパー、ドラッグストア、コンビニ、ディスカウントストア

・業務用：外食、メーカー、ホテル、給食、とそれぞれ向けの卸

なので、どの業態の話をしているかは最低限共有しておきたいところです。大手顧客企業の攻略と地場の中小企業の攻略では当然、やり方は変わってきます。さらに、顧客の担当者が誰なのか、商品部担当バイヤーの攻略の話なのか、顧客企業の経営トップの攻略の話なのかによってもちがいます。

業務用では、メーカーに材料として卸すケースも考えられますが、その場合、メーカーの開発担当者へのアプローチと購買担当者へのアプローチでは話が変わってきます。

また、関係性の親密な企業と希薄な企業でも選択肢が変わってくるので、その観点の確認も必要でしょう。

もう1つ重要なのが「顧客のニーズ」です。

なぜ、顧客が我々の製品・サービスを買ったのか、その背景にあるビジネス上の課題や顧客の事情などを理解しておきたいわけです。

例えば、レイコロ社の品津の場合だと、

・顧客が人手不足なので当社品を採用した

・顧客が付加価値品を売りたいので当社品を採用した

のいずれかによっても状況は異なる、ということです。

③特定の営業行動を行っている

成功事例共有の目的は「他の人が模倣をして同様に成功する」ことと書きました。そのため、やったことを模倣、つまり同じように真似できる必要があります。

一般に「営業能力」というと、「スキル面」「知識面」「マインド面」などが挙げられます。交渉スキルや、自社商品知識、目標達成に向けて諦め

ない気持ち等でしょうか。これらは実は真似がしにくいです。しかし、例えば、以下のように行動として顕在化していたらどうでしょう？

・交渉スキル——値上げ交渉する際は、必ず原料価格の高騰を先に伝えてそのあとに価格を出す
・知識——自社製品の特長を話す際は、商品資料の3ページ目の上から3行分を読み上げる
・マインド——業務終了まであと15分残っている場合は、顧客リストのうち1週間以内に電話をかけていない得意先に電話しアポイントのお願いをする

　提案資料等は、受注したものをそのまま譲り受けるのも選択肢ですが、その場合には、どのページにどんな効果があったのかを確認しておきたいものです。

第 **5** 章　解決策を見つけ出す　問題解決のプロセス **Step ④** 解決策立案

5 さまざまな営業施策

よくみられる営業施策

　これまで解決策の考え方をご説明しましたが、一般的な営業施策について、簡単に解説しておきます。

　営業施策は、その業態や商材特性などによってさまざまですが、①営業戦略、②量的施策、③質的施策、④販促施策については、どのような業態でも共通に考えておいてよいものです。それぞれ以下で簡単に説明するので、参考にしてみてください。

①営業戦略：営業の最大のリソースは時間である

　営業が最もコントロールしやすく、成果に影響を与えるリソースは、営業自身の時間です。営業担当者といえども、常に営業活動をしているわけではなく、社内の事務手続きや、納品作業も営業の仕事なのであればその作業、あるいは営業会議等、社内会議への参加もあるでしょう。

　これをすべて顧客に対する営業活動に使えれば、その分だけ成果が上がりやすくなります。また、「ニーズがあり、予算も大きい顧客」と「ニーズがなく、予算もない顧客」では当然、前者に時間を費やすべきです。

　営業活動において、その時間をどこに充てるのか、はきわめて重要な営業の意思決定になります。

　一生懸命活動しているがなかなか成果につながらない、重要な顧客を見逃している気がする、という状況では営業戦略の見直しが欠かせません。

189

営業戦略ではABCランクの設定をよく行います。ABCランクとは、
- Aランク：重要顧客―――その分、訪問回数も増やす
- Bランク：準重要顧客――訪問回数もそこそこ多い
- Cランク：一般顧客―――最低限の訪問回数
- Dランク：非注力顧客――基本的には訪問しない

というような設定を行うことです。

一般的に、ランクは「顧客が持っている予算の大きさ」、または、「自社への売上の大きさ」で設定しますが、製薬業界のように「数字は持っていないが影響力が大きい顧客がいる（オピニオンリーダーになるような医師など）」場合は、影響力を加味することもあります。

図4 ABCランクのイメージ

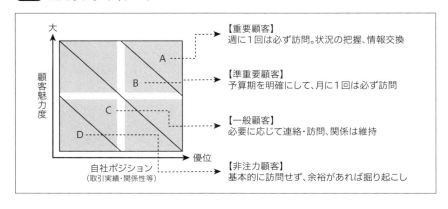

上図のように顧客の魅力度と自社のポジションのマトリクスで考えると、魅力度、顧客内ポジションの2軸で右上から左下まで判断するのがやりやすいかもしれません。

これらを設定し、顧客の重要度に合わせて活動を行うことで結果的に売上が最大化されます。

　注意しておいてほしいのは、戦略の優劣を決めるのは競合との相対的な関係性であることです。顧客のタイプにもよりますが、一般に、ある特定顧客のために時間を使えば使うほどその顧客との信頼関係が増します。したがって、重要顧客にはできるだけ多くの時間を使いたいわけですが、このロジックが成り立つのであれば、競合も同様に時間を使えば使うほど信頼関係が増すということです。すなわち、「一番時間を使った営業担当者」が選ばれやすくなるわけで、要するに、競合よりも多くの時間を使え、ということになります。

　そのため、自社の顧客内シェアが高いほうが競合も敬遠する可能性が高く、その分、十分に時間をかける価値があるということになります。

　会社や業界によっては、本社、あるいはマーケティング部署がABCランク設定やターゲットリストを作成しているケースもあります。その場合も、単に本社から落ちてくるランクを鵜呑みにするのではなく、現場の情報も加味してABCランクを調整するのが一般的でしょう。たとえば、次のようなケースを考えてください。

事例 ）本社の指示と担当者の意見が異なるとき

　品津が担当するエリアの営業担当者である千葉が担当する地域には、5社のスーパーマーケット本部があった。惣菜部門攻略のため、どこを優先して攻めるべきかを検討している。

5社の概要はそれぞれ下表のとおりである。

企業名	店舗数	当社推定シェア（惣菜）
A社	82店	10%
B社	55店	60%
C社	31店	20%
D社	12店	40%
E社	5店	10%

　本社からは「A社を積極攻略せよ」との指令がくるが、千葉に確認すると、「A社は手作りが好きで担当者やその上司とも話していますが、冷凍食品はこれ以上は使いたくないという方針です。セントラルキッチンで内製化している部分も多く、通ったところでこれ以上の売上獲得は難しいと思います」という反応だった。

　千葉自身は、「行けと言われれば行く」とは言っているものの、本人としてはC社のほうが競合をひっくり返すチャンスもあり、そちらに時間を使いたいとのことだった。

　千葉は営業歴も長く顧客からの信頼も厚いためエースといってよい人材であり、自分自身も信頼している。

　どちらを優先させるべきだろう？

　このような場合、A社のシェアアップの可能性がないとはいいません。顧客の課題を捉えたうえでよい提案をすれば大幅な売上アップの可能性はあります。しかし、優秀な営業担当者がつかんできている現場の情報は概ね合っていることが多いです。したがって、データ上だけで重要だとみられる顧客よりも、現場で得られた情報も加味した優先度付けが必要になるのです。

　本来、本社でABCランク設定やターゲットリストをつくる際にも現場からの情報を加味させるべきですが、本社側は「すべての顧客の優先順位」

を決める必要があるため、どうしてもデジタルな情報を優先させてしまいます。だからこそ、営業マネジャーが現場の情報も勘案しながら優先度を指示する必要があるのです。

②量的施策：行動量の強化

前述のとおり、顧客のために時間を使えば使うほど信頼関係が増すのであれば、できるだけ多く顧客を訪問したいところです。

一方で、営業担当者にとってみると、顧客訪問できない理由や言い訳はいくらでもつくれます。理屈としては顧客訪問の数を増やすのは重要、というのはわかるのですが、現実は難しいというのが実態でしょう。

ルート営業の場合、よくみられる指標は1日当たりの訪問件数（Call per Day）です。1週間、あるいは、1か月の営業日ベースでみたときに何件の顧客を訪問しているかの指標です。

よく聞く数字としては、ストレッチ目標として5訪問／日、実態としては3〜4訪問／日、という感じでしょうか。インサイドセールスのような電話やメール等を主体とした営業の場合は、1日20〜50件ほどの架電が一般的でしょう。システム開発のような大型案件を受注する営業の場合は、1日に1〜2件というケースもあり得ます。

これらは営業が「訪問」という活動にどれくらいの時間を使えるか、あるいは重要か、ということにもよります。インサイドセールスの場合は、新規で商談を獲得したら、フィールドセールスに商談を引き渡すため、とにかく顧客に連絡してアポを獲得すればよいため、架電、またはメールです。一方で、システム開発のような大型案件の場合、顧客への提案をつくったり、説明資料をつくることそのものも重要な営業活動になるので、顧

客訪問よりも社内作業を優先することもあります。

　また、1回当たりの商談時間も業界によってまちまちです。著者が聞いている印象ですが、大型商談になりやすいシステム業界やコンサルティング業界では1回の商談で1～2時間ほどかけることも多くあります。金融業界（銀行や証券など）が中小企業の経営者を訪問した場合は30～60分、食品営業等だと15～30分程度でしょうか。また、製薬業界のMRだと、病院の医師との会話が5分以下ということも普通です。

　このように、自社にとって適正な顧客訪問数、活動数を達成してもらうことも、営業マネジャーにとっては重要なマネジメント行動の1つです。

　行動量を上げるためにできることは大きく3つあります。

i　行動しやすい状態にする

　行動量を阻害する1つの要素は、「やろうと思ったら取り掛かるまでに時間がかかった」というケースです。例えば、新規開拓の場合の架電先や訪問先が見つけられないパターンや、顧客に説明する内容が思いつかないパターンです。

　新規開拓でも既存先の訪問でも、訪問するためには多少の準備が必要です。新規開拓の場合は、その会社がどういう会社でどこにあって連絡先はどこかを知る必要があります。既存先の場合は、いままでの商談状況や宿題の有無、連絡先・連絡方法等を知る必要があるでしょう。これらの情報が、CRMシステム（顧客管理システム）に正確に入力されていればよいですが、システム化されていなかったり、されていたとしても重要な情報が欠けているケースがみられます。これらの対策をチームとして、場合によっては会社として行っておく必要があります。営業マネジャーにとって、これらの環境整備はきわめて重要なタスクの1つでしょう。

ⅱ　営業活動以外の時間を減らす

　営業担当者が活動量を上げられない言い訳として挙げることの１つが、「営業活動に時間が取れない」です。言い訳とされやすいですが、言い訳ではなく実態としてもそうなっているケースも多いです。

　例えば、業績が悪くなってくると、営業マネジャーは本社へなぜ業績が悪いのか、どうやってリカバリするかの「ご説明」の時間が増えます。そのため、営業担当者にも情報や資料を求めるので、その分、営業担当者もマネジャーへの「ご説明」に時間が取られてしまいます。

　また、本社の人事部や総務部から指示される必要書類の提出や、そのための社内システムの使い方の習得なども阻害要因です。

　営業担当者自身の業務の一環でもありますが、例えば、既存顧客からの問い合わせやクレーム対応、あるいは、納品業務や請求書作成業務なども「顧客を訪問する」活動を阻害するものです。

　これらは、作業として必要なこともありますし、例えば、本社から指示される「コンプライアンス研修」は受講しなければならないものでしょう。そのような必須のものを除けば、無駄な業務プロセスや営業担当者でなくてもできることは営業担当者にやらせなくてもよいのです。

　営業マネジャーにとって、無駄な作業を効率化し、本社からくる「営業担当者がやる必要のないもの」をいかに交通整理して営業のタスクから排除するかも重要なミッションです。

ⅲ　行動に対するマインド面を強化する

　訪問活動の量を多くできるかどうかは、営業担当者の意識が大きく影響

します。重要だ、やらねばならない、という意識を持っている人は訪問活動が多くなり、重要視していなかったりやる気がないと訪問活動は減る傾向にあります。

いまの時代にはそぐいませんが、活動量だけは営業マネジャーが怒鳴り散らすだけでも上がっていくケースもあります。営業担当者であれば、誰しも上司から怒られるのは嫌に決まっているので、怒られるくらいなら1件多く回ろう、と考えたりもします（だからと言って、怒鳴り散らすと他のマイナス要因が出るので決してお勧めしません）。

営業マネジャーがやるべきなのは、重要な行動が適正量保たれているかどうかを常日頃チェックすることです。例えば、顧客訪問回数が重要だと考えたら、日々、少なくとも毎週の営業会議では確認し、達成できていなければどうやって達成するかを営業担当者と話し合ってください。

営業マネジャーが意識をすればするほど、営業担当者の意識も上がっていきます。

③質的施策：転換率の強化

「営業力の育成」ということに関して多くの人がイメージするのは営業の質の強化、例えば、1回の訪問で顧客と親密になれるようにする、提案の受注率を高める、ということでしょう。

営業の質の向上は営業マネジャーにとって重要なテーマです。

営業の質の向上は、さまざまなスキルや要素の掛け合わせによって成り立ちますが、概ね次のような要素が必要になるでしょう。

i　顧客との関係性を強化する力

　初対面の顧客でも仲良くなり、信頼関係をつくっていく力です。

　いわゆるコミュニケーション力だけでなく、約束を守る、やるべきこと
をきちんとやる、等も必要になります。

　相手に合わせたコミュニケーションも必要になるので、「優秀な営業」
と評価される人は、どのような相手でも自分なりにコミュニケーションを
コントロールできる力を持っていたりします。

ii　顧客を理解しニーズを把握する力

　顧客を理解し、顧客の話を傾聴し、顧客の課題、ニーズを把握する力で
す。

　傾聴などのコミュニケーション力に加え、業界理解や企業分析を行う力、
さらには仮説を立ててヒアリングする仮説構築・検証力なども必要になる
でしょう。製品差別性が小さくなっている近年、顧客の実態をより深く理
解する力が営業力の差になっているケースも少なくありません。

iii　自社商材を理解しソリューションを組み立てる力

　よりよい提案をするためには自社の商材を理解し、ソリューションを組
み立てる、場合によっては自社製品・サービスだけでなく他社の製品も組
み合わせるプロデュース力が必要になるケースもあります。

　「共創」というキーワードがさまざまなところで使われている昨今、自
社でできることだけにとどまらない力が求められています。

iv　折衝力、交渉力

　最終的に顧客に導入していただくだけでなく、より有利な条件で契約を

締結するのも営業の仕事です。

　顧客からの値下げ圧力に屈しないだけでなく、原価が高騰すれば、こちらから値上げをお願いするケースも出てきます。

　折衝力や交渉力も営業の1つのスキルでしょう。

　これらのスキル育成は、研修や自己学習等によっても取得できなくもありませんが、本来的な意味で営業力を強化するにはOJT（On the Job Training：実務のなかでトレーニングする）が欠かせません。考え方の理解は必要ですが、それを実際に実務のなかで使ってみることで初めて身に付きます。

　営業マネジャーは営業担当者に同行し、観察することでメンバーのできている点、できていない点を見出し、できていたらそれを承認する、できていなければ、やり方をフィードバックすることでよりスキルが上がっていくでしょう。

　質的施策の1つとして、成功例の活用がありますが、自社の成功例の活用のよいところは、「自社の製品、自社の顧客に使える」ことが担保されていることです。まったく別の業界、別の商材ではない分、成果期待が高いです。営業マネジャーとして指導の選択肢に持っておきたいものです。

④販促施策

　いわゆる「営業」ではありませんが、営業活動に大きく寄与する施策はいくつもあります。

　売上を上げる、ということをゴールにした場合、マーケティング理論では4P、すなわち、Product（商品施策）、Price（価格施策）、Place（流通

198

施策）、Promotion（コミュニケーション施策）の４つの施策があります。商品や価格、流通施策に手を入れることも１つの選択肢です。

　このうち、Promotionの一部分に営業活動も入るわけですが、Promotionを分類すると広告、販促、人的販売、広報の４つの方針があります。営業組織でもマーケティングや営業企画部門と協調することでより売上拡大に寄与することはできます。

ⅰ　新規リードを増やすアプローチ

　新規リード、すなわち、新規開拓のための顧客接点をつくる活動は、一般的に営業マネジャーの役割ではありませんが、ダイレクトに影響を受けるために選択肢としては持っておきたいものです。

　よくある手段としては、

・講演会や展示会などで広く名刺を集める

・Webサイト強化や広報などで新規の問い合わせをつくる

等があります。

ⅱ　信頼関係をつくるアプローチ

　既存の顧客に対してより深い信頼関係をつくったり、新たな商談機会をつくるアプローチとして、営業マネジャーも関わって進めるケースもあります。

　これらでよくある手段としては、

・講演会や勉強会等で顧客にとって価値ある情報を提供する

・役員同行や開発者同行などで、顧客が普段聞けないような話を提供する

等があります。顧客の製品に組み込んでいる材料や、最新システムの導入等、顧客のビジネスに大きく関わっている商材を扱っている場合、自社の

製品開発担当者や研究者が同行することによって、顧客に価値のある情報を提供できるケースもあります。

技術者や研究者は顧客訪問を嫌がるケースも聞きますが、顧客にとっては、「どのようにつくられているのか、最新の研究動向はどのようになっているのか」などは顧客担当者自身の知見を広げることにもなりますし、それが結果的に顧客のビジネスにプラスに働くケースもあります。

また、自社の役員に同行してもらえると、顧客担当者だけでなく顧客側の役員にも同席いただくきっかけになり、より強固な信頼関係を築けることもあります。

iii 流通への販売インセンティブアプローチ

顧客が流通業の場合、例えば、レイコロ社のようなスーパーマーケットに製品を提供しているケースや、間接販売として卸や商社が直接の顧客になっているケースについては、その流通プレイヤーが自社品を推してくれる必要があります。

これはどんな業態の営業でも同じなのですが、営業にとって、

・自分の利益になるもの
・簡単に売れるもの

は、積極的に売りたくなるものです。その反対に、自分の利益にならなかったり、売るのがとても大変なものは売りたがりません。

そのため、販促施策として例えばリベートを設定し、顧客の売上量に対してバックマージンをつくるケースもあります。

また、卸や商社などに向けた製品説明会によってその営業メンバーが「こうやったら売れるのか」と腹落ちして売上が拡大するケースもあります。

200

第 **5** 章　解決策を見つけ出す　問題解決のプロセス **Step ④** 解決策立案

6 実行と検証

施策が組み立てられたら、実行し検証していく必要があります。

確実に成果につなげていくためには、営業マネジャー自身が、成果が出るところまでマネジメントし続ける必要があります。

PDCAサイクルを組み立てる

施策を実行する際にはPDCAサイクルを回す意識は欠かせません。PDCAサイクルとは、品質管理の領域で使われ始めた考え方で、Plan（計画）－Do（実行）－Check（検証）－Act（改善）を繰り返していきます。

ここまでの問題解決4Stepで考えてきた「解決策」を実行プランに落としていきます。

その際に気をつけるべきなのは確実に実行されることであり、この時点で「どう実行を検証していくか」を決めておきたいところです。

特に、新規に実施する施策はやることそのものが目的になってしまい、検証がおろそかになるケースがありますので注意が必要です。具体的には、実行前に次に示すKGI、KPIを設定して、進捗状況を把握し、成果に結びついたかどうかを確認しておきたいところです。

検証のためのKGIとKPI

実行検証には、KGI、KPIを設定して状況を確認する必要があります。

KGI（Key Goal Indicator）は重要業績達成指標のことで、要するに結果が出たかどうかを確認するための指標です。

201

売上高や受注額等が基本ですが、施策の設定次第では、受注率や訪問回数等を設定する可能性もあります。問題の定義で設定した内容がそのまま使われるものと考えてください。

　それに対して、KPI（Key Performance Indicator）とは重要業績評価指標のことで、活動が順調に行われているかを確認するための指標です。一般にKPIはKGI達成に対する中間指標、すなわち、KGIを達成するまでの途中経過や進捗状況を測るための指標を設定します。

　KGIとKPIの関係を少しご説明します。例えば、みなさんが「少し太ったなー、ダイエットしたいなー」と思ったら、おそらく多くの人が、「体重をいまより5kg減らしたい」というように体重を指標に設定するのではないでしょうか。

　ここでの体重がKGIです。

　一方で、体重計に毎日乗ったとしても痩せるわけではありません。痩せるためには、消費カロリーを増やすか、摂取カロリーを減らすか、のどちらか、あるいは両方の対策が必要です。

　ここでは食事制限をベースに考えてみましょう。体重減少には炭水化物摂取量を減らすのがよいといわれるので、１日の炭水化物の摂取量を普段の50％に減らすことを目標にしてみましょう。これを毎日続けられれば成功というように定義してみましょうか。

　この「毎日炭水化物を50％減らす」というのがKPI目標であり、できたかどうかを測定していきます。

　KPIは成果につながる過程の指標を採るのがよいですが、可能であれば、そのなかでも「コントロールできる指標」を活用したいものです。

なお、KPIは数多く設定するものではないですが、必ずしも1つだけにする必要もありません。例えば、売上を拡大させるために訪問回数を増やす、という選択をした場合には、次のようなKPIのチェックをしておくとよいでしょう。

図5 **KPIのチェック表例**

	訪問回数	商談回数	商談転換率	受注数	商談受注率	売上額
目標						
実績						

　週や月ごとにこれらの指標をチェックしておくことで、「訪問回数が着実に伸びたか」「その結果として受注数が着実に伸びたか」などが確認できます。活動量と同時に転換率も確認できるため、想定したとおりに受注が上がっているかどうか、上がっていなければ、元の仮説どおりに訪問回数を増やしているのか、増やしているが上がっていないならどこのフェーズでうまくいっていないのかがわかります。

　これでCheck（検証）が可能になりますので、その改善プランを直ちに実行できるでしょう。

施策実行のポイントは営業メンバーがやる気になること

　営業マネジャーが打ち出す施策の多くは、最終的には営業担当者であるメンバーが行動することによって実現します。したがって、メンバー自身が前向きに取り組まなければ、施策自体うまくいきません。

　営業担当者がうまく取り組めない理由としては、次の2点がよく挙げられます。1つは、施策そのものを「上から落ちてきたもの」と捉えてしま

203

うことです。やらされ仕事になってしまうと、最初はやれと言われてやるのでしょうけど、少しやってみて成果が出なければすぐにやめてしまいます。

　もう1つは、いろいろなことを同時にやろうとすることです。一般に営業マネジャーになるのは営業として成果を上げた人なので、営業メンバーよりもなんでも器用にこなせることが多いです。ところが、営業メンバーにはそんなに器用でなかったり、十分に仕事を覚えきれていない人もいます。したがって、複数の施策を実施するにしても、同時にやるのではなく、「1つずつ定着するまで」順番にやらなければ結果的にどれも成果につながりません。

　これらのことを避けるためにも、次のようなアプローチが考えられます。

①解決策の検討の時点で営業担当者自身も巻き込み、一緒に考える（≒自分ごとにする）
②実施が決まったら、なぜこれが必要なのか、を説明する
③実施の際に、営業業務全体を確認し、優先度付けする（やらなくてもよい施策等はいったん止める）
④実施時に望ましい活動をしているようなら承認し、前向きに取り組んでもらえるようにする
⑤実施後に少しでも成果が出たら大げさに褒める、会議などで取り上げる

　「成果が出たら大げさに褒める、会議などで取り上げる」というのは、ビジネスの変革でよくQuick Win（クイックウィン、短期的な成果）と呼ばれるものです。やってみて成果が出ると「自分たちがやっていることが

正しい」と感じやすくなり、新しい取り組みにポジティブになりやすいで
す。

　新しい施策を実行するということは、メンバーにその施策を覚えるパワ
ーが必要になります。そのため、メンバーが前向きに取り組むことができ
るような仕掛けをつくりたいところです。

おわりに

　本書では、営業マネジャーに必要な目標達成のための問題解決の4つのステップについてご説明しました。

　最後に改めて2つのことについて記載します。
① 本書でお伝えしたこと
② 本書の使い方

① 本書でお伝えしたこと
　目標達成を継続して行っていくためには、日々起こる問題を解決していく必要があります。そのために、問題の定義、問題点の発見、原因分析、解決策立案の4つのステップで考えてください、と申し上げました。

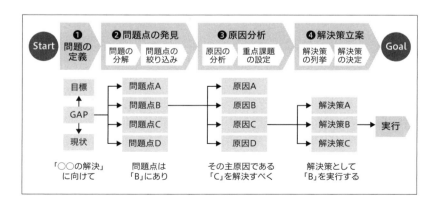

Step1：問題の定義では、何を解決するのかを明確にしましょう。特に、目標達成をゴールとするのであれば、現状と目標の乖離を考えます。

目標設定は上から落ちてくる数字をそのまま受け入れるのではなく、営業マネジャー自身が担当領域を分析し、納得したうえで組み立てたいものです。そのための事業環境分析なども行ってみてください。

Step2：問題点の発見では、目標達成するうえでどこを改善するとよいか、改善ポイントを探します。

問題点の発見はブレイクダウンや基本方程式の活用から、問題がどこにあるか、を考えていきます。そのうえで、営業プロセスや顧客の購買プロセス分析、さらにはボトルネック分析を行います。最終的には、最も重要な問題点、すなわち、「どこを改善すれば問題が解決するのか」を明確にしてください。

この手法は、自分のチームの問題点探しだけでなく、顧客の問題を整理し課題を抽出することにも使えます。顧客ニーズを把握するうえで、顧客のビジネス分析、業務分析を通じて顧客の課題を発見できます。

Step3：原因分析では、なぜその問題点が発生しているのか、その因果関係、メカニズムを把握していきます。

原因分析には「なぜ」と常に問い、考える姿勢が欠かせません。営業マネジャーとしてご自身の課題を導き出すのに自問自答してほしいだけでなく、メンバーに対しても「なぜ」を問いかける必要があります。因果関係のパターンはさまざまなので、複雑な状況では因果構造

図を描く必要も出てくるでしょう。

　Step4：解決策立案では、創案から絞り込みによって施策を組み立て、さらには実行・検証します。
　創案では、できるだけ多くのアイデアを集め、そのなかから簡単にできて効果の大きいものから順番に選択していきます。KPIを設定して実行し、成果を検証することで、チーム全体が進化していくことでしょう。

　4つのステップに分けて説明している理由は、それぞれの工程を混在させて分析・検討してしまう結果、分析に時間がかかったり、まちがった結論に導いてしまうからです。
　問題解決を行う際、いま、自分がどのステップにいるのかを意識してみてください。

② 本書の使い方
　本書では、営業マネジャーの問題解決をテーマとしました。もし、営業マネジャーとして悩んでいることがあれば、ぜひご活用ください。また、併せて営業プレイヤーとして活躍されていらっしゃる人にも使えるものにしたつもりです。

　筆者は、いままでコンサルタントや研修講師として、さまざまなビジネスパーソンと接してきました。そのなかで、成長される人と残念ながらそうでない人がどうしても出てくることを知りました。そして、成長される人が持っている共通の特徴として、「学んだことで使える

ことがあれば使ってみる」という行動特性があるように感じています。その意味で、使えるところはぜひ使ってほしいのです。

　営業は、商材特性や顧客特性、組織の状況によってその実態は大きく変わります。大きく俯瞰してみればそれほどの差はないのですが、日々マネジャーとして取り組まれているみなさまからすると、本書の内容が当てはまらない部分もあるかもしれません。なるべく、さまざまな方にイメージしてもらいやすいように食品業界だけでなくいくつかの事例も交えてご説明しましたが、もし自組織に合わない部分、合わせにくい部分があれば無理に使う必要はありません。

　活用する場合の注意点としては、いきなり色々なことをやらずに、まずは簡単なところから試すということでしょう。「解決策の絞り込み」でも記載しましたが、まずは「成果は小さいが簡単にできるところ」から始めることをお勧めします。その結果として成果が実感できたら、あるいは、メンバーが一緒にやる気になってきたら、大きく変えていくこともやりやすくなるでしょう。

　本書でご紹介した内容は、改めて振り返ってみると、もしかすると、特に目新しい手法ではないかもしれませんし、すでに取り組まれているところもあるかもしれません。

　もし、本書のなかで、自組織で使えると思えるものがあれば、ぜひ一度使ってみてください。また、「もう実行している」という人でも十分に言語化できていないようでしたら、言語化してみてください。なぜならば、実際に活動するのは営業担当者であって、マネジャー自

身ではないからです。

　ここまでお読みいただきありがとうございました。

　みなさまの成果につながれば幸いです。

株式会社シナプス

代表取締役社長　後藤　匡史

索　引

数字・アルファベット

３Ｃフレームワーク	39
３Ｃ分析	39
4P	198
5M	153
ＡＢＣランク	190
Call per Day	101,193
DMU	82
DMUマップ	82
Five Whys	133
ＫＧＩ	201
ＫＰＩ	202
ＭＢＯ	38
ＭＥＣＥ	61
ＯＪＴ	198
ＰＤＣＡサイクル	201
Quick Win	204
ＲＦＰ	89
ＳＭＡＲＴ	37
ＳＷＯＴ分析	48

あ行

イシュー	34
因果関係	141

因果構造図	154
ウォンツ	108
受付突破	97
営業施策	189
営業戦略	189
オズボーンのチェックリスト	172

か行

外部環境	48
価格弾力カーブ	142
課題	33,34
競合の視点	39
グラフィックレコーディング	175
原因	153
原因分析	141
言語化	14
顧客セグメント	42
顧客の購買プロセス	87

さ行

サービスプロフィットチェーン	151
事業環境分析	39
自社の視点	39
市場の視点	39

重要業績達成指標 ……………… 201	負の相関 …………………………… 142
重要業績評価指標 ……………… 202	ブレインストーミング …………… 168
受注率 …………………………… 101	ブレインストーミングの４つの原則 …… 168
商談化率 ………………………… 102	フレームワーク …………………… 37
真因 ………………………… 133,161	プロスペクト理論 ………………… 182
新規開拓型の営業プロセス ……… 95	プロセス分析 ……………………… 80
新規リード ……………………… 199	訪問件数 …………………… 101,193
成功事例 ………………………… 185	ボトルネック ……………………… 80
正の相関 ………………………… 142	
成約率 …………………………… 101	**ま行**
セグメンテーション ……………… 63	目標管理制度 ……………………… 38
設定型問題 ………………………… 29	問題 …………………………… 33,34
戦略目標 …………………………… 49	問題解決 …………………………… 55
相関関係 ………………………… 141	問題点の発見 ……………………… 58

た行

ターゲットカバー率 ……………… 103
短期的な成果 ……………………… 204
提案依頼書 ………………………… 89
特性分析 ………………………… 179
特性要因図 ……………………… 152

や行

有効案件数 ……………………… 105

ら行

リードタイム ……………………… 104
ルート営業型の営業プロセス …………… 92
ロジックツリー …………………… 60

な行

内部環境 …………………………… 48
ニーズ …………………………… 108

は行

発生型問題 ………………………… 28
フィッシュボーンチャート …………… 152

〈参考文献〉

● 畑村 洋太郎＝著、吉川 良三＝著『危機の経営──サムスンを世界一企業に変えた3つのイノベーション』講談社、2009年
● バーバラ・ミント＝著、グロービス・マネジメント・インスティテュート＝監修、山﨑 康司＝訳『新版 考える技術・書く技術──問題解決力を伸ばすピラミッド原則』ダイヤモンド社、1999年
● 佐藤 允一＝著『新版「図解」問題解決入門──問題の見つけ方と手の打ち方』ダイヤモンド社、2003年
● 家弓 正彦＝著『マーケティングの本質を極める3ステップ』窓社、2019年
● 大野 耐一＝著『トヨタ生産方式──脱規模の経営をめざして』ダイヤモンド社、1978年
● ジャレド・ダイアモンド＝著、倉骨 彰＝訳『銃・病原菌・鉄（上）──1万3000年にわたる人類史の謎』草思社、2012年
● 三谷 宏治＝著『観想力──空気はなぜ透明か』東洋経済新報社、2006年
● ヘンリー・ペトロスキー＝著、忠平 美幸＝訳『フォークの歯はなぜ四本になったか──実用品の進化論』平凡社、2010年
● 近藤 隆雄＝著『サービス・マーケティング──サービス商品の開発と顧客価値の創造』日本生産性本部、1999年
● 石川 馨＝著『品質管理入門』日科技連出版社、1989年
● 三谷 宏治＝著『超図解 三谷教授と学ぶ「拡げる」×「絞る」で明快! 全思考法カタログ（MAJIBIJI pro）』ディスカヴァー・トゥエンティワン、2013年
● ダニエル・カーネマン＝著、村井 章子＝訳『ファスト＆スロー（下）──あなたの意思はどのように決まるか?』早川書房、2014年
● 一般社団法人日本フードサービス協会「日本フードサービス協会会員社による外食産業市場動向調査 令和4年（2022年）年間結果報告」

後藤匡史（ごとう　まさふみ）
株式会社シナプス 代表取締役社長
15年以上のマーケティング・コンサルタントの経験を有し、食品、化粧品、外食、エンターテインメント、サービス、精密機器、電子機器、電気部品、医療機器、農業資材など数多くの領域の企業を支援してきた。多くの企業が陥る「顧客不在の戦略立案・実行」から、顧客の真のニーズを中心とした組織へと生まれ変わらせることをミッションとして、数多くの企業を変貌させてきた実績を持つ。
研修では、マーケティング研修や営業研修のほか、問題解決スキル研修やファシリテーション研修での実績が豊富で、「すぐに使えるビジネスの実践的なスキル」を伝える講師として評判が高い。
1973年生まれ、横浜国立大学大学院工学部電子情報専攻（工学修士）、グロービス経営大学院 経営学修士（MBA）。
2007年シナプス入社、2008年取締役就任、2024年より代表取締役。2021年よりアグリテックスタートアップのテラスマイル株式会社の非常勤取締役を兼任。

株式会社シナプスホームページ
https://cyber-synapse.com/

4つのステップで目標を達成する

営業マネジャーのための問題解決の技術

2025年2月20日　初版発行

著　者　後藤匡史 ©M.Gotoh 2025
発行者　杉本淳一

発行所　株式会社 日本実業出版社　東京都新宿区市谷本村町3-29 〒162-0845
　　　　編集部 ☎03-3268-5651
　　　　営業部 ☎03-3268-5161　　振 替　00170-1-25349
　　　　　　　　　　　　　　　　　https://www.njg.co.jp/

印 刷／理 想 社　　製 本／共 栄 社

本書のコピー等による無断転載・複製は、著作権法上の例外を除き、禁じられています。
内容についてのお問合せは、ホームページ（https://www.njg.co.jp/contact/）もしくは書面にてお願い致します。落丁・乱丁本は、送料小社負担にて、お取り替え致します。

ISBN 978-4-534-06168-3　Printed in JAPAN

日本実業出版社の本

下記の価格は消費税（10％）を含む金額です。

この1冊ですべてわかる
新版　マネジメントの基本

手塚貞治 編著
浅川秀之・安東守央・
岡田匡史・吉田賢哉 著
定価 1980円（税込）

企業活動で求められる「マネジメント」を、チームリーダー、ミドルマネジャー、プロジェクトリーダー、経営スタッフ、経営者の5つの階層別に解説。現場で役立つ実践的な手法が満載！

武器としての戦略フレームワーク
問題解決・アイデア創出のために、
どの思考ツールをどう使いこなすか？

手塚貞治
定価 1980円（税込）

SWOT、3C、リーンキャンバスなど数多のフレームワークを、戦略の策定・実行シーンでどう使い、どのように論理×直観を働かせて問題解決やアイデア創出を行なうかを実践的に解説。

51の質問に答えるだけですぐできる
「事業計画書」のつくり方

原　尚美
定価 1760円（税込）

事業に関連する質問に答えるだけで事業計画書が作れる本。必要な数字や計算書類の作成のしかたもバッチリ紹介。事業計画書、利益計画書、資金計画等のフォーマットもダウンロードできます。

こうして社員は、やる気を失っていく
リーダーのための「人が自ら動く組織心理」

松岡保昌
定価 1760円（税込）

「社員がやる気を失っていく」には共通するパターンがあり、疲弊する組織や離職率の高い会社の「あるあるケース」を反面教師に、社員のモチベーションを高めるための改善策を解説。

定価変更の場合はご了承ください。